Das Buch:
Mit der Geburt eines zweiten oder weiteren Kindes, ändert sich das gesamte Familiengefüge: Die Position jedes Familienmitglieds kommt zunächst ins Wanken, bis jedes seinen Platz neu und sicher gefunden hat und sich das Gleichgewicht wieder hergestellt hat. Dies dauert seine Zeit. Vor allem die älteren Geschwister wissen manchmal nicht genau, was vor sich geht, wo sie Sicherheit finden, ob sie noch wichtig sind, ob die Eltern sie noch lieb haben... Dann reagieren sie auf ihre Weise um auf diese Notlage aufmerksam zu machen.
Indem sich Eltern einfühlen in ihr großes Kind, verstehen sie seine Gefühlslage. Indem Eltern ihr großes Kind gezielt mit einbeziehen, geben sie ihm das Gefühl der Nützlichkeit und Sinnhaftigkeit. Indem sie ihrem großen Kind zeigen, wie lieb sie es haben, helfen sie ihm, einen guten, stabilen Platz im Familiengefüge zu finden. Das „Mobile Familie" pendelt sich zu einem friedlichen, stabilen Zusammensein ein.

Die Autorin:
Veronika Seiler ist Dipl. Sozialpädagogin, Individualpsychologische Beraterin und Familientherapeutin (Telos®) und Mutter von vier Kindern. Sie leitet das Telos®-Kinderhaus in Utting am Ammersee, das sie 1997 gegründet hat. Sowohl in ihrer Arbeit mit den Kindern und Eltern, als auch in ihrer Tätigkeit als Seminarleiterin für PädagogInnen, Eltern und LehrerInnen vermittelt sie die „Telos®-Ermutigungspädagogik", die aus der Individualpsychologie Alfred Adlers und Rudolf Dreikurs` hervorgegangen ist.

www.telosgesellschaft.de
www.telos-kinderhaus.de
www.veronika-seiler.de

Veronika Seiler

Wir bekommen ein Baby!
Und wo bleibe ich?

Geschwisterkinder ermutigend auf die Geburt des Säuglings vorbereiten

Telos

© 2016 Veronika Seiler

Überarbeitete zweite Auflage des Originaltitels
© Veronika Seiler „Wir bekommen ein Baby! Und wo bleibe ich?"
2012

Telos-Gesellschaft für Psychotherapie, Beratung und Weiterbildung gGmbH
Herstellung und Verlag: BoD - Books on Demand, Norderstedt

Umschlaggestaltung: Tatjana Jakhel-Scherraus, Werbeatelier PUR [2], Utting / www.pur2.de

ISBN 978-3-7412-7132-8

Bibliografische Information der Deutschen Nationalbibliothek

für Andreas

Inhalt

Bevor Sie anfangen... Vorwort 7

1 **Wir bekommen ein Baby – „Ermutigung" hilft dem großen Geschwister** 9
   1.1   Sicherheit für das große Geschwister – den Knoten am Mobile fester knüpfen 10
   1.2   Ich werde ein großes Geschwister – So sagen wir es unserem Kind. 11
   1.3   Mamas Bauch wird aber dick – ich spür` dich schon – die Schwangerschaft 17
   1.4   Das „große" Kind miteinbeziehen – die Vorbereitungen laufen an 25
2 **Die Geburt – mit „Mut" für alle** 28
3 **Geboren! – Das Mobile „Familie" wird justiert** 36
4 **Alltag mit dem Neugeborenen – „Ermutigung" knüpft die Mobile-Knoten fest** 43
5 **Das Baby wird beweglich – Als Eltern „ermutigend" aktiv bleiben!** 51
6 **Wenn der Sturmwind bläst – „Entmutigung" bringt das Mobile zum Wackeln** 63
   6.1   Mama braucht viel Zeit für das Baby 64
   6.2   Dann muss ich mir was anderes überlegen...! – Ausweichhandlungen des „entmutigten" älteren Kindes 73
7 **Wie Eltern helfen können – „Ermutigung" für notleidende Geschwister** 83
8 **Aus der Ermutigungs-Kiste – Hilfen für Eltern und Kinder** 88
9 **Wenn das „ältere" Geschwister sehr jung ist** 102
10 **Das erste Jahr ist schon vorbei** 105
11 **Ausblick - Familie als Einheit** 109
12 **Bücher von Veronika Seiler** 111

Bevor Sie anfangen... Vorwort

Es ist wunderschön, ein Kind zu haben.
Es ist auch wunderschön, zwei oder mehrere Kinder zu haben.
Manchmal ist es auch sehr anstrengend. Vor allem in der Zeit, wenn ein zweites oder weiteres Kind geboren wird.
Es ist anstrengend, weil der Säugling uns viel Kraft kostet.
Und es ist anstrengend, weil das ältere Kind plötzlich wieder viel Aufmerksamkeit fordert.
Wir Eltern wollen, dass es allen in der Familie gut geht!
Wie wir das machen können, erzählt dieses kleine Buch: Nämlich die älteren Kinder in Freude, Verständnis und Gleichwertigkeit und mit dem positiven Glauben an das Kind mit in die Schwangerschaft und die erste Zeit mit dem Säugling einzubeziehen.

Als Mutter von vier Kindern, Kinderhausleiterin und Individualpsychologische Beraterin habe ich mein Wissen und meine Erfahrungen in dieses Buch einfließen lassen. Dank an dieser Stelle meinen Eltern, von denen ich Ermutigung praktisch und theoretisch gelernt habe!
Lassen Sie sich von diesem Büchlein inspirieren, Ihren ganz individuellen, verständnisvollen Weg mit Ihren jungen Kindern in Mut und mit Vertrauen zu gehen und so allen Menschen in Ihrer Familie zu zeigen: „Ich habe dich lieb, gerade so, wie du bist! Du gehörst dazu!"

Es könnte sein, dass Ihnen der Umgang mit Kindern, so wie ich ihn beschreibe, sehr feinfühlig, zu behutsam und für Kinder möglicherweise nicht passend erscheint. Möglicherweise haben Sie Sorge, Ihre Kinder tun dann nicht mehr, was Sie wollen, oder „was Sache ist".

Vielleicht mögen Sie sich trotz Ihrer eventuellen Zweifel probehalber darauf einlassen! Und haben Sie keine Sorge: Die Kinder werden mit großer Wahrscheinlichkeit trotzdem – oder gerade deshalb – Ihre Autorität anerkennen. Weil Sie sich gleichwertig angenommen fühlen...

Das Büchlein ist ganz bewusst kurz gefasst, denn viel Zeit haben wir Eltern ja meist nicht... Es dauert nur wenige Stunden, es zu lesen – und kann Wunder bewirken. Das Wunder der Ermutigung. „Ermutigung" ist das Handwerkszeug der Telos®-Ermutigungspädagogik, deren Grundlage die Individualpsychologie ist. „Ermutigung" tut nicht nur Familien in besonderen Situationen (wie die Geburt eines Geschwisters sie darstellt) gut, sondern allen Kindern und Menschen jeden Alters.
Mein Wissen und meine Erfahrung als „Ermutigungspädagogin" gebe ich Eltern, PädagogInnen und LehrerInnen in der Weiterbildung „Telos®-Ermutigungspädagogik" in der Telos®-Akademie weiter. (www.telosgesellschaft.de)

Vielleicht haben Sie dieses Buch zu einer Zeit in die Hand bekommen, als das junge Kind schon geboren ist: Dann lesen Sie die ersten Kapitel zur Information. Trauen Sie sich, den „Zeitplan" umzuwerfen und die Anregungen Ihren Bedürfnissen und Ihrer Familie anzupassen.

Viel Freude miteinander!
Veronika Seiler

1 Wir bekommen ein Baby – „Ermutigung" hilft dem großen Geschwister

Da ist eine Familie. Vater, Mutter, ein oder mehrere Kinder. Alles läuft so weit ganz gut. Alles hat sich mehr oder weniger eingespielt.

Und dann sind „wir" wieder schwanger. Wenn wir schon mindestens zwei Kinder haben, erinnern wir Eltern uns daran, dass die kommende Zeit für die älteren Geschwister und uns Eltern eine besondere Zeit werden wird. Wenn wir bisher ein Kind haben, ahnen wir es....

Wir wissen oder ahnen Dinge, die unserem jungen Kind vollkommen neu und unbekannt sind. Wir sprechen von Dingen, die unser älteres Kind noch nie gehört hat. Es schwirren Gefühle, Ängste, Freuden in der Familie herum – die unser älteres Kind mit all seinen Sinnen spürt.

All dies kann (!) vom Kind wie ein Hindernis erlebt werden, das das natürliche Wachstum bremst. Es kann dies als Verunsicherung, als sogenannte „Entmutigung" im Sinne der Telos®-Ermutigungspädagogik erfahren. Das Kind kann sich irritiert fühlen. Was zur Folge hat, dass das Kind mit *übermäßiger* Eifersucht oder mit extremen Auffälligkeiten reagiert.[1] Sind wir allerdings aufmerksam und achten schon in der Zeit der beginnenden Schwangerschaft die Reaktionen unseres Kindes, dann können wir mit ihm die Geburt seines Geschwisters in Freude und Zuversicht erwarten. Und die erste Zeit mit dem Baby harmonisch erleben.

---

[1] Wer sich ausführlicher mit der Telos®-Ermutigungspädagogik befassen möchte, dem empfehle ich meine bisherigen Bücher „WUNDER-Punkt" und „Die Trotzphase gibt es nicht".

1.1 Sicherheit für das große Geschwister – den Knoten am Mobile fester knüpfen

Es gibt einige Hilfsmittel für uns Eltern, die es dem oder den älteren Geschwistern erleichtern, sich auf das neue Geschwister positiv einzustellen.

Einige Eltern sagen im Nachhinein: „Mein Großes war nie eifersüchtig!" Schön! Das perfekte Zeichen, dass Sie es richtig gemacht haben. „Perfekte Erziehung" hat stattgefunden – oder?

Eifersucht ist jedoch ein gutes Zeichen! Zeigt es doch, dass es unserem Großen wichtig ist, zu uns zu gehören, dass es seinen Platz in der Familie verteidigen will.
So geht es also in diesem Buch nicht darum, Eifersucht zu vermeiden. Vielmehr werden in diesem Buch Dinge gezeigt, die helfen, dass das Kind sieht, spürt und vor allem selber glaubt, dass es uns Eltern so, wie es gerade ist, wichtig, wertvoll und liebenswert ist! Die Eifersucht kann dann kommen – oder auch nicht – sie zieht dem großen Kind und uns selber aber nicht die Füße unter dem Familien-Boden weg.

Dazu ist es wichtig, dass wir unser Kind so gut wie möglich versehen und mit allen Sinnen spüren, was in ihm vorgeht: Um zu verstehen, welches Handeln einen unsichtbaren, weil unbewussten Auslöser hat. Auch unser elterliches Handeln können wir auf diese Weise unter die Lupe nehmen.
Als Eltern haben wir alle das Anliegen: Unsere Kinder lieb haben. Wir können jederzeit neu anfangen und uns (!) und unsere Kinder in Liebe annehmen!

1.2 Ich werde ein großes Geschwister – So sagen wir es unserem Kind.

Viele Kinder ahnen bereits, bevor sie es „wissen", dass in Mamas Bauch ein Baby wächst. Da Kinder wie Seismographen alle „Botschaften" (nicht nur die verbalen) ihrer Eltern auffangen, spüren sie jegliche Veränderung ziemlich schnell, auch wenn sie diese Veränderung augenscheinlich noch nicht wissen können: Sei es ein geplanter Umzug, die drohende Arbeitslosigkeit eines Elternteils, die kranke Oma in der 250 km entfernten Stadt, oder eben die neue Schwangerschaft der Mutter.

Sicherheit durch Worte und Symbole
Für Kinder jeden Alters ist es gut, wenn sie Sicherheit durch ihre Eltern bekommen. Die Eltern sind der große Haltepunkt in ihrem Leben, auf die Eltern ist Verlass, an die Eltern lehnt man sich an und sie tragen. Alle Kinder, je jünger, desto mehr, haben eine sehr große gefühlsmäßige Verbindung zu ihren Eltern[2]. Durch diese Verbindung mit den Eltern spüren die Kinder eine Veränderung in deren Befinden sofort (wie Unsicherheit, Angst, übergroße Freude) können diese aber wissensmäßig oftmals nicht einordnen. Die Kinder geraten ins „Schwimmen" und werden unstabil. Manchmal, gar nicht so selten, äußern sie diese Unsicherheit dann in der Krippe, im Kindergarten oder auch in der Schule oder zu Hause durch unerwartetes Verhalten: Plötzlich fällt der Abschied von den Eltern wieder schwer. Oder das Kind schläft nicht mehr durch oder es schläft schlecht ein, vielleicht lässt sich nur noch von Mama oder Papa ins Bett bringen. Gar nicht so selten fällt

---

[2] Hier sind immer die Personen gemeint, bei denen das Kind aufwächst, zu denen es die engste Beziehung aufgebaut hat, seien es die leiblichen Eltern, die Pflege-, Stief- oder Adoptiveltern, die Großeltern oder andere liebe Menschen.

das Kind sozial negativ auf, haut oder beißt gar die anderen Kinder, macht Spielsachen kaputt, oder ähnliches.
Das Kind spürt eine kommende Veränderung, weiß sie aber verstandesmäßig noch nicht einzuordnen. Diese gefühlsmäßige Verunsicherung (= „Entmutigung") bringt es in seinem sichtbaren Verhalten zum Ausdruck.

Je nach Alter des großen Kindes ist es also hilfreich, eher früher als später, dem Kind zu sagen, dass ein kleines Geschwister geboren werden wird. Dies gewährt ihm Sicherheit. Es weiß Bescheid, was kommen wird. Es kann sich *verstandesmäßig* darauf einstellen.
Fast wichtiger ist es jedoch, dass sich das Kind *gefühlsmäßig* auf das kommende einstellen kann. Hier helfen ihm „Bilder", Symbole, Vorstellungen und gemeinsames Tun, das, was geschehen wird, auf der unbewussten Ebene an sich heranzulassen.
Mit einer Gegebenheit, die vorab schon mal positiv im Spiel, im Bild, im gemeinsamen Tun… durchlebt wird, kann man besser umgehen. (Welche Hilfsmittel es dazu gibt, lesen Sie im Folgenden.)
Auf der Verstandesebene können Sie Ihr Kind zum Beispiel so ansprechen:
„Lara! Wir haben dir etwas Schönes zu erzählen: Du wirst eine große Schwester. Mama bekommt wieder ein Baby."
Wenn Sie eine Familie kennen, die vor kurzem ein kleines Baby geboren hat, können Sie ihr Kind an dieses Baby und seine Familie erinnern.

Jüngere „große" Geschwister sind manchmal ja noch so jung, dass man den Eindruck hat, sie verstehen die Worte von uns Eltern noch gar nicht (ca. 1 Jahr alt). Für diese ganz kleinen künftigen „großen" Geschwister ist es gut, wenn wir ihnen

vor allem den wachsenden Bauch zeigen und spüren lassen. Dies wird in den nachfolgenden Kapiteln deutlich.
Aber auch verbal kann man altersgemäße Formulierungen wählen. Sie können es bei sehr jungen Kindern zum Beispiel so formulieren:
„Luis, in Mamas Bauch wächst wieder ein Baby! Fühl mal auf Mamas Bauch. Da drinnen wächst es. Es ist noch so klein, dass wir es noch nicht spüren." Sie fühlen gemeinsam. „Du bist auch hier in Mamas Bauch gewachsen."
Fürs erste reicht das wahrscheinlich. Morgen können Sie wieder über Mamas Bauch fühlen - wenn sie es mag.

Die ersten zwölf Wochen
Für alle Kinder ist es ein tolles Erlebnis, die Schwangerschaft der Mama von ganz früher Zeit an mitzuerleben! Bei etwas älteren Geschwisterkindern, die schon wort- und sprachgewandt sind und verstandesmäßig nachvollziehen können, was wir ihnen sagen, bietet sich jetzt die schöne Gelegenheit, mit ihnen ganz zwanglos über das Wunder „Leben" und „Sterben" zu sprechen. Denn natürlich sind da die ersten drei Monate, in denen man sich nie so ganz sicher ist, ob der neue Erdenbürger sich auch wirklich bei uns einnisten wird. Sollen wir ein Kind konfrontieren mit der Möglichkeit, dass das kleine Baby im Bauch sich vielleicht wieder von uns verabschieden wird? Ich denke, Kinder jeden Alters können das gut aushalten. Kinder haben einen sehr natürlichen und ungezwungenen Umgang mit Geburt und auch Sterben – wenn wir sie lassen. Manche Eltern können jetzt viel von ihren Kindern lernen: Eigenen Sorgen und Kümmernissen können wir nachspüren und uns bewusst machen, was uns traurig oder ängstlich macht. Manchmal müssen wir weinen. Benennen wir es ganz bewusst: „Jetzt muss ich weinen, weil ich dran denke, dass vor einem Jahr schon mal ein Baby bei mir im Bauch gewachsen ist. Es ist so

früh geboren, dass es viel zu klein war, um hier auf der Erde leben zu können."

Beobachten Sie Ihr Kind: Wie reagiert es? Lassen Sie Papa oder einen anderen Erwachsenen Sicherheit herstellen, wenn Sie selber zu betroffen sind: Das Kind auf den Schoß nehmen, die Mama streicheln, ihr Taschentücher bringen.

Trauer und Tränen sind nichts, was versteckt oder verhindert werden muss. Sie gehören zum Leben dazu – Kinder leben sie mit uns mit. Was verunsichern und entmutigen kann, ist unsere eigene Verunsicherung, wenn wir nicht wissen, wie wir nun mit unserem Kind umgehen sollen.

Gehen Sie „ganz normal", „ganz natürlich" mit ihrer Trauer um. Wenn Sie merken, dass das Thema Sie extrem belastet, suchen Sie sich professionelle Hilfe. Oftmals hilft schon eine einzige Beratungsstunde, zum Beispiel bei Individualpsychologischen BeraterInnen.

Kindern hilft es, einen unbekannten Vorgang mit ihnen bekannten Bildern zu verstehen: Da ist vielleicht einer, der will in eine neue Wohnung umziehen. Erst gefällt sie ihm gut. Aber nach kurzer Zeit merkt er, dass die neue Wohnung doch noch nicht so richtig gemütlich ist. Vielleicht fehlt noch die richtige Farbe an den Wänden, vielleicht zieht es durch Ritzen, vielleicht fehlen ja auch noch die richtigen Möbel. Vielleicht geht es so unserem kleinen Baby im Bauch der Mama – erst dachte es, es will zu uns ziehen, nun merkt es, dass es für es selber noch nicht so richtig stimmt. Vielleicht zieht es ja zu einem späteren Zeitpunkt zu uns ein? Wir wissen es nicht.

Für die ganze Familie ist es sehr hilfreich, wenn die Eltern gut in sich hinein spüren, was in dieser Schwangerschaft für

dieses ältere Geschwister gut ist![3] Bei der Frage, ob man dem Kind die Schwangerschaft gleich von Beginn an oder erst nach 12 Wochen mitteilt, gibt es kein richtig und falsch. So, wie sich die Eltern entscheiden ist es. Das ältere Geschwister profitiert – egal wie die Entscheidung ausfällt – von der *sicheren* getroffenen Entscheidung der Eltern.
Es würde einem jungen Kind nur *mehr* Stress bringen, wenn die Eltern sich dafür entscheiden, dem Kind die Schwangerschaft in den ersten 12 Wochen mitzuteilen, obwohl sie ihr selber unsicher gegenüber stehen.

Neun Monate und ein Kalender
Neun Monate sind eine lange, eine sehr lange Zeit...! Da passiert inzwischen so viel mit unserem großen Kind: Im Alter von ungefähr einem Jahr hat es vielleicht gerade die ersten Schritte gemacht – wenn das neue Baby geboren werden wird, kann das Große schon sicher laufen, die ersten kurzen Sätze sprechen, alleine essen, beim Sich anziehen ganz gut mithelfen, Tischdecken helfen und vieles mehr. Für ein Kind sind 9 Monate eine ewige Zeit. Eine schöne Gelegenheit, unserem Kind den Begriff „Zeit" nahe zu bringen.

So können Sie es Ihrem Kind sagen:
„Unser Baby wird geboren werden, wenn es Winter ist. Vielleicht schneit es dann. Jetzt hat gerade erst der Frühling begonnen und die Blumen beginnen zu blühen. Dann kommt der Sommer, da ist es ganz warm und wir können barfuß gehen und zum Baden. Dann kommt der Herbst und die

---

[3] Dieses „spüren" ist in der Tat eines der wichtigsten Handwerkszeuge in der Telos®-Ermutigungspädagogik: Dadurch erhalten wir ein Gefühl und ein Wissen, wie es unseren Mitmenschen geht. Dadurch entsteht friedfertige Kommunikation.

Blätter fallen wieder runter. Und danach kommt der Winter und unser Baby."

Für Kinder *aller* Altersstufen ist ein Jahreskalender eine große Hilfe. Termine jeder Art, aber vor allem auch die wahrscheinliche Geburt des Geschwisters können hier notiert werden. Für uns selber ist die Zeit mittlerweile vorstellbar geworden – für Kinder ist „der 5. Mai" meist nicht greifbar. Was heißt das schon: „5. Mai"? Wir können unseren Kindern helfen, einen Begriff für die Zeit zu entwickeln:

„Unser Baby wird wohl im Frühling geboren werden, im Mai. Wir können das mal in unserem Kalender eintragen. Schau, jetzt ist die Tagesklammer hier ein gezwickt: 21.September. Das Baby soll wahrscheinlich am 5. Mai geboren werden. Also schauen wir mal, was nach September kommt: das nächste Blatt ist der Oktober, da beginnt der Herbst. Dann November, da regnet es immer viel. Alle die weißen Striche sind die Tage, die dunklen Striche sind die Nächte, ist ja klar, dunkler Strich – dunkle Nacht. Ein Tag nach dem anderen... Jetzt kommt der Dezember, da ist Weihnachten – und jetzt ist unser Kalender aus. Jetzt beginnt ein neues Jahr."

Vielleicht haben Sie schon einen neuen Jahreskalender gekauft, wenn nicht, ist jetzt die Gelegenheit, das gemeinsam zu tun. Oder Sie schreiben vielleicht an das Ende des Dezember „Geschwistergeburt eintragen!" dann erinnern Sie sich, sobald Sie den neuen Kalender beginnen.

So gehen Sie Monat für Monat durch. Endlich kommt der Mai. „1.Mai, 2.Mai, 3. Mai, 4. Mai, hier ist der 5.Mai! Da soll unser Baby geboren werden! Was magst du für ein Zeichen eintragen?"

Lassen Sie Ihr Kind, so alt oder jung es auch ist, ein Symbol für die Geschwistergeburt eintragen. Es wird schon wissen, was es malen mag. Sein eigenes Zeichen erkennt es auf alle Fälle wieder!

Denn viele Kinder wollen sehr gerne im Laufe der Schwangerschaft gezeigt bekommen, wie lange es noch bis zur Geburt ist. Ihr eigenes Zeichen finden sie wieder!

Wichtig ist noch, dem Kind zu erklären, dass so ein Stichtag nur sehr ungefähr ist.
„Das Baby kann auch früher oder später geboren werden. Manche Babys kommen schon viel früher auf die Welt, vielleicht schon hier, im Februar. Das wäre nicht so gut, weil es da noch nicht ganz fertig gewachsen ist. Gut wäre ab hier – Mitte bis Ende April. Manche Babys kommen auch später, vielleicht erst Mitte oder Ende Mai (dem Kind zeigen Sie alle diese Tage)."
Kinder verstehen das, egal wie alt sie sind, wenn wir es ihnen nur zutrauen. Sie kennen Ihr Kind so gut, dass Sie merken, wann es zu viel ist oder wann es noch mehr Erklärungen braucht. Vielleicht ist es gut, diese Erklärungen über mehrere Tage zu streuen.
Vertrauen Sie auf Ihre enge Beziehung zu Ihrem großen Kind!

1.3 Mamas Bauch wird aber dick – ich spür` dich schon – die Schwangerschaft

Viele Tage dauert die Schwangerschaft. Es wird viele Tage geben, an denen das große Geschwister nicht mehr daran denkt. Vor allem am Anfang, wenn noch nichts zu sehen ist. Vielleicht mögen Sie selber hin und wieder nebenher darüber erzählen. Endlich wird Mamas Bauch größer. Bei Müttern, die schon mehrere Kinder geboren haben, geht das ja etwas schneller. Gut so! Dann haben die älteren Kinder früher konkret Anteil daran.

Mitmachen - vorsingen
„Hier im Bauch wächst unser Baby. Es schläft jetzt noch ganz viel. Magst du ihm ein leises Schlaflied vorsingen?"
„Große" (damit meine ich auch *„junge* ältere") Geschwister lieben es, schon jetzt sinnvolles beizutragen. Singen ist schön. Den Bauch der Mama streicheln – wenn sie es mag! – ist schön, da drinnen wächst mein Geschwister. Da bin ich auch gewachsen, kaum zu glauben.

Das erste Foto
Sehr schnell gibt es das erste „Foto": Manche Kinder zeigen es voller Stolz ihren Freunden im Kindergarten, andere können keine rechte Beziehung zu diesem grau in grau gedruckten Würmchen auf dem Papierbild aufbauen. Wie es ist, ist es.

Die erste Bewegung
Gegen Mitte der Schwangerschaft endlich kann das Große die ersten spürbaren Bewegungen durch die Bauchhaut der Mama erahnen. Für viele ist das der erste richtige Kontakt zum kleinen Geschwister. Gerade für die jungen großen Geschwister ist dies der Moment, ihnen wieder einmal die künftige Geburt ganz plastisch vor Augen zu führen.
„Möchtest du mal fühlen? Das Baby im Bauch ist aufgewacht. Es bewegt sich! Jetzt sind seine Beinchen schon so kräftig, dass man es ein kleines bisschen spüren kann."
Legen Sie dabei Ihre eine Hand auf den dicker werdenden Babybauch, die andere liebevoll um Ihr „großes" Kind – schon jetzt zeigen und sagen Sie: „Ich habe euch beide lieb".

Wundern Sie sich aber nicht, wenn das kleine „große" Kind bald genug hat vom Fühlen am Bauch der Mama. Je wichtiger wir es nehmen, dass der Fußtritt im Bauch der Mama gespürt werden muss, desto mehr Druck bauen wir eventuell für das große Geschwister auf! „Ach Mama, lass mich doch mit dem blöden Baby im Bauch in Ruhe!" so denken vielleicht etliche große Geschwister. Dann ist es auch gut so. Lassen wir unseren Großen Zeit, sich nach und nach an die Geburt zu gewöhnen.

Wie immer geht es auch jetzt darum, uns in unser Kind hineinzuversetzen: Seine Bedürfnisse sollten wir respektieren. Geht es doch darum, ihm die Geburt des neuen Kindes positiv nahe zu bringen. Wenn wir spüren, was das Kind fühlt, können wir entsprechend darauf eingehen.
Und seien wir unbesorgt: Das Große kommt von sich aus zur rechten Zeit, um neugierig Kontakt zum Ungeborenen aufzunehmen. Vertrauen wir auch auf die vielen anderen Möglichkeiten, die gerade jungen Kindern ganz selbstverständlich, ohne unser Zutun, zur Verfügung stehen, mit ihrem ungeborenen Geschwister in Kontakt zu treten: Träume, „meditative Gespräche" beim vertieften Spielen, plötzliche innere Eingebungen sind für Kinder ganz selbstverständlich. – Nur sagen sie es uns oft nicht, weil sie vielleicht ahnen, dass wir sie möglicherweise (leider) nicht mehr so ganz verstehen.

Rücksicht nehmen
Je weiter die Schwangerschaft fortschreitet, desto dicker wird der Bauch. Für manche Kinder kommt nun wirklich die Zeit, in der sie zum ersten Mal Rücksicht auf das Baby nehmen müssen:
„Liebes Kind, ich kann dich leider nicht mehr so gut hoch nehmen und so lange tragen! Mein Rücken tut mir sonst arg weh, weil er schon das kleine Baby im Bauch trägt."
Wie gemein! Gemein? Vielleicht. Mehr aber auch eine Chance, groß zu werden.

So können Sie es Ihrem Kind sagen:
„Du bist nun schon so groß, dass du gut noch ein kleines Stückchen laufen kannst! Ich sehe es dir an der Nasenspitze an." –
„Guck mal, wenn du hier und da auftrittst, kannst du schon ganz alleine in den Autokindersitz klettern. Prima! Du bist schon ein großes, selbständiges Kind!" -
„Schön, dass Papa heute Zeit hat zum Mitgehen. Papa trägt dich vielleicht noch ein kleines Stück, oder?"

Auf Mamas Schoß ist bald kein Platz mehr für das Große, oder nur noch ein kleiner. Da „sitzt" nämlich schon das Baby.
So können Sie es Ihrem Kind sagen:
„Wenn du dich ein bisschen klein machst, habt ihr beide Platz. Ich bin froh, dass du gut Obacht gibst. Das Baby im Bauch ist ja noch ziemlich klein und empfindlich!"
Jetzt kann das Große üben, Rücksicht zu nehmen, etwas zurück zu stehen, hilfreich beizustehen. Ermutigen Sie es! Mag seine Unterstützung auch noch so winzig sein! Sagen Sie:
„Ich freue mich schon, wenn unser Baby da ist. Ich merke schon jetzt, was für ein tüchtiges, liebes und vorsichtiges Geschwister du bist!"
Dies sind Sätze, die sich unbewusst einprägen. Das Kind hört „Ich bin hilfreich! Mein Beitrag (in diesem Falle: zurückzustecken) wird bemerkt und ist willkommen." Das Kind fühlt sich angenommen – das ist es, was es als „mutiges" Kind will. Darauf wird es, wenn das Baby geboren ist, zurückgreifen: Sein helfendes Verhalten wiederholen.

Bei ganz jungen Kindern stellt sich das Thema vielleicht ein bisschen anders dar, weil sie noch kleiner und leichter sind – für beide (Kind im Bauch, Kind auf dem Schoß) ist Platz.

So können Sie es auch ganz jungen Kindern sagen, wenn das junge Kind am Schoß Ihnen zu viel ist: Lenken Sie Ihr Einjähriges ab, indem Sie ihm und dem Baby im Bauch ein Lied vorsingen, einen kleinen Reim aufsagen, spontan einen Zweizeiler dichten. Dabei können Sie die eine Hand auf Ihr Kind neben sich, die andere Hand auf Ihr Kind in Ihrem Bauch legen.

Achten Sie auf die ständig zunehmende Selbständigkeit Ihres Ein-Jährigen! Heute kann es möglicherweise einen weiteren Handgriff oder Schritt tun, der Sie entlastet, zu dem es gestern noch nicht in der Lage war. Gehen Sie immer wieder in die „Beobachter-Position": Überprüfen Sie wiederholt Ihre eigenen routinierten Handgriffe und ändern Sie diese, sobald das Kind eine kleine Bewegung hinzugelernt hat! Beim Wickeln, beim Hineinsetzen in den Autositz/Kinderwagen, beim Anziehen, ...

Säuglinge besuchen
Für alle werdenden Geschwister, vor allem aber für die ganz jungen, ist es eine große Hilfe, wenn sie Säuglinge sehen oder gar mit ihnen Kontakt aufnehmen können. Beim Abholen in der Krippe kann sich eine solche Gelegenheit bieten: Fragen Sie Mutter und älteres Geschwister eines „Frischlings", ob Sie in den Kinderwagen schauen dürfen. Beziehen Sie Ihr „großes" Kind mit ein: Nehmen Sie es auf den Arm oder gehen Sie in die Hocke auf seine Augenhöhe. Gehen Sie gemeinsam dem Wunder des neuen Lebens nach. Sprechen Sie leise aus, was Sie sehen:
„Das Baby ist noch ganz klein! Es schläft noch ganz viel. Schau mal, wie winzig seine Händchen sind."
„Oh! Das Baby weint aber laut! Es kann noch kein Wort sagen: Ich glaube, es will zu seiner Mama/ hat Hunger..."

Dann wenden Sie sich Ihrem Bauch zu: „Unser Baby wird auch so klein sein." Berühren Sie dabei Ihren Bauch.

Vielleicht bietet sich auch die Gelegenheit, eine Familie mit Neugeborenem zu besuchen. Wenn möglich, nehmen Sie das winzige Baby in den Arm, wenn Sie es dürfen. Sprechen Sie dazu leise aus, was Sie tun: „Ich nehme das kleine Baby ganz vorsichtig. Ich halte seinen Kopf. Jetzt liegt es ganz geborgen in meinem Arm." Dann wenden Sie sich Ihrem Kind zu: „Möchtest Du es auch einmal ganz vorsichtig streicheln?" Führen Sie dabei – je nach Alter Ihres Kindes – unbedingt behutsam die Hand Ihres Kindes! Über Ihre Bewegungen erfährt es im Tun, wie man ein so junges Kind vorsichtig streichelt (eventuell am durch die Kleidung gut geschützten Bein oder Fuß des Säuglings).

Möglicherweise merken Sie, dass Ihr Kind eifersüchtig wird: Vielleicht möchte es jetzt selber auf Ihren Schoß. Vielleicht versucht es, den Säugling weg zu schubsen. Vielleicht schreit es laut nach Aufmerksamkeit. Bemerken und benennen Sie dies. „Möchtest du, dass ich das Baby zurücklege? Das kann ich machen." Während Sie den Säugling seiner Mutter zurückgeben, wenden Sie sich Ihrem Kind zu: „Jetzt kann die Mama sich gut um das Baby kümmern. Und du kommst zu mir!" Während Sie Ihr Kind liebevoll schmusen, sagen Sie leise: „Das kleine Baby braucht seine Mama. Unser Baby braucht auch seine Mama. Ich bin seine Mama. – Und ich bin auch deine Mama. Ich hab euch beide lieb."

Papa wird wichtiger
Den älteren Geschwistern tut es gut, die Beziehung zum Papa schon vor der Geburt (wieder) zu stärken. Sie werden sich nach der Geburt daran sehr erfreuen können!

Das können Sie tun:
Papa putzt dem Kind den Popo ab.
Papa wickelt.
Papa wäscht dem Kind die Hände.
Papa geht mit dem Kind einkaufen, nimmt sich (noch) mehr Zeit zum Spielen, liest ein Bilderbuch vor, ...
Papa bringt das Kind ins Bett.
Und vieles mehr.
Überstürzen Sie nichts! Manche Routine hat sich von Geburt an zwischen Mutter und Kind auf eine bestimmte Weise eingespielt – es bedarf der behutsamen Zeit, beim Kind Vertrauen zu wecken, dass Papa es zwar anders, als Mama, aber auch ziemlich „gut" macht. „Gut" bedeutet, dass es sich angenehm für Kind und Papa anfühlt. Dass sie merken, dass beide ein Team sind.
Mama kann derweil lernen, loszulassen: Möglicherweise fühlt es sich seltsam an, dass nun Papa Dinge macht, die bisher für Mama selbstverständlich waren. Möglicherweise macht Papa es auch ganz anders, als Mama: Ist das „anders" eine Wertung für „richtig" oder „falsch"?
Nehmen Sie sich immer wieder Zeit, um sich als Eltern (zum Beispiel abends, wenn die Kinder wirklich schlafen) zu überlegen, wie Sie es machen wollen: Die Kinder als Team begleiten auf ihrem Weg zur Selbständigkeit. Natürlich ist es gut und hilfreich, wenn die grobe Richtung bei beiden Elternteilen gleich ist. Kinder sind jedoch sehr flexibel und wissen genau: „Bei Mama ist es so, bei Papa anders." Wenn sich dies auf Kleinigkeiten bezieht, schadet es keinem Kind.

Fotos anschauen
Die meisten Kinder lieben es, Fotos anzuschauen.
Für Eltern eine wunderbare Gelegenheit von der Zeit zu erzählen, als das große Geschwister noch ein wachsendes Baby in Mutters Bauch, ein kleines Baby oder Kleinkind war.

Sagen Sie:
„So hast *du* ausgesehen, als du in meinem Bauch gewachsen bist! Fast genauso wie das kleine Geschwisterchen! Lustig, nicht wahr?"
„Schau mal, da hab ich dich ganz feste im Arm und halte dich gut, weil du noch so klein warst und gar nicht selber laufen konntest."
„Da isst du schon mit dem Löffel. Lustig, wie der Brei um deinen Mund verschmiert ist. Jetzt hast du das Essen schon so toll geübt, dass du ziemlich ordentlich und sauber essen kannst, nicht wahr?"

Viele junge Kinder lassen sich beim Foto anschauen viel Zeit für ein Bild. Sie tauchen förmlich ein in das Geschehnis von damals. Vielleicht erinnern und erspüren sie sogar, was damals war, wie es sich anfühlte und wie sie es erlebten? Kann sein... Es tut Kindern gut, wenn Eltern ihnen die ganz persönliche Zeit dafür lassen. Auch hier können wir womöglich etwas von unserem Kind lernen: Zeitlosigkeit...
Möglicherweise ist das Foto-anschauen dann schon nach ein paar Bildern beendet, auch gut. Ein anderer Tag und mit ihm weitere – oder die gleichen! – Fotos, kommt wieder. Wiederholung im Kleinkindalter ist etwas Wunderbares.
„Auch heute sieht man noch, wie lieb und fest mich Mama gehalten hat, als ich noch nicht laufen konnte. Ob man es morgen auch noch sieht?"

Fotos anschauen ist vor allem auch für sehr junge Kinder eine schöne Gelegenheit, sich auf das kommende Baby einzustellen. Auch, wenn der Transfer "Foto auf dem Papier – Baby im Bauch" nicht gelingen sollte: Das Kind spürt doch die liebevolle Ernsthaftigkeit der Eltern zum „Baby".

Aufklärung
„Und wie ist eigentlich das Baby in den Bauch gekommen?" Für viele große Geschwister kommt diese Frage irgendwann im Laufe der Schwangerschaft. Eine wunderbare Gelegenheit, den Kindern die Entstehung von Leben zu erklären. Je natürlicher wir es begreiflich machen, desto einfacher. Gute Bilderbücher, dem Alter angepasst, sind ein schönes Hilfsmittel dazu. Immer, wenn Eltern während des Erklärens gut in ihr Kind hinein spüren, merken sie, was ihrem Kind noch an Erklärung fehlt, was es verstehen kann und will. Da Eltern die besten „Versteher", bzw. Dolmetscher ihres Kindes sind, obliegt ihnen selbstverständlich in allen möglichen Situationen immer wieder die Aufgabe, sich in ihr Kind hineinzuversetzen. So auch bei diesem Thema.
Ob es biologische Details wissen will oder ob ihm die Erklärung, dass das Leben durch die große Liebe zwischen Vater und Mutter – oder wie Sie es ausdrücken wollen - entsteht, im Moment genügt, wissen die Eltern dann intuitiv.

Für die genauen Erklärungen gibt es für fast jede Altersgruppe schöne Bücher. Suchen Sie sich erst mal ohne Kind die Bücher, die Ihrem Geschmack entsprechen: mit Fotos, mit Bildern, mit Skizzen, ganz ohne Bilder...
Auch hier merken Sie genau, wann Ihr Kind genug weiß oder wann es mehr wissen will. Und wenn es immer noch nicht genug weiß, fragt es schon nach.

1.4 Das „große" Kind miteinbeziehen – die Vorbereitungen laufen an

Je näher der Geburtstermin naht, desto konkreter werden die Vorbereitungen. Die großen Geschwister sind schon „groß" und können dabei helfen. Auch sehr junge Kinder sind in der Lage, viele Handgriffe mitzutun – und sie wollen es! Sie wollen sich nützlich machen.

Egal, was Eltern für das zu erwartende Kind vorbereiten – je mehr sie ihr Großes mit einbeziehen, desto mehr fühlt dieses sich gebraucht. Es ist Teil vom Familien-geschehen. Das kleine Baby im Bauch ist nicht nur „für die Mama", sondern es kommt zu uns allen. „Und ich, großes Geschwister, kann helfen! Ich werde gebraucht!"
Zum anderen ist es wieder eine schöne Gelegenheit, dem großen Kind zu vermitteln, dass es selber auch einmal so klein war und die gleiche Liebe und Fürsorge bekommen hat, wie der neue Erdenbürger.

Babybett
Irgendwann kommt die Zeit, in der das Bettchen, Körbchen... hergerichtet wird. Es ist gut, wenn dies nicht erst wenige Tage vor dem errechneten Geburtstermin geschieht, sondern einige Wochen vorher. Da kann man sich dann vielleicht noch mal rein legen... aber ganz schön klein ist es ja.
„War ich da auch mal drin?" – „Ja, natürlich. Jetzt bist du so groß, dass deine Füße vorne raushängen müssen, lustig!"

Vielleicht muss das Bettchen ja gesäubert werden, wenn es auf dem Speicher stand. Da können Kinder fast aller Altersstufen gut mithelfen. Ein feuchter Lappen ist immer gut zu bewältigen! Oder Bettwäsche beziehen... für größere Kinder natürlich einfacher als für jüngere. Aber die Ecken mit einem kleinen Kinderfinger heraus zupfen ist sehr hilfreich, weil Mama da mit ihren großen Fingern nicht so gut hinkommt. Vielleicht wird ja ein extra neues Bett gekauft oder anderweitig angeschafft. Auch hier kann das große Geschwister mithelfen. Vielleicht kann es das Bettchen schon „einliegen" und „gemütlich machen". Ein bisschen jedenfalls... Aber dann ist es auch wieder genug, denn es soll

ja neu bleiben! Außerdem ist es ja für ganz kleine Kinder gebaut worden.
„Du bist ja schon so groß und schwer, dafür hast du ja dein extra Bett für etwas größere Kinder."
Auch wenn wir das Gefühl haben, dass ganz junge „große" Geschwister uns mit ihrem Werkeln mehr hindern als bereichern: Gehen Sie zunächst immer davon aus, dass die Aktion Ihres Kleinkindes eine ernst gemeinte Hilfe sein soll!

Babywäsche
Eine weitere gute Gelegenheit, die „großen" Kinder liebevoll mit einzubeziehen, ist das Herrichten der Babywäsche. Vielleicht gibt es noch ein paar „alte" Dinge des großen Geschwisters, die nun gemeinsam hergeholt werden können.
„Guck mal, wie klein die Socken sind! Da hat mal dein Fuß reingepasst! Jetzt kannst du sie nur noch als Ohrenwärmer benützen... Aber das kleine Baby wird auch so einen kleinen Fuß haben. Müssen wir alles noch mal waschen? Ich glaube schon." Und gemeinsam können Sie sortieren, waschen, sich freuen, wie es war, als die Großen noch klein waren, sich schon mal vorfreuen, wie es sein wird, wenn das Baby in den Kleidern drin stecken wird. Sie können gemeinsam freudig überlegen, wie es sein wird, wenn Ihr großes Kind „großes Geschwister" sein wird.

Vielleicht mag ein sehr junges „großes" Geschwister die kleinen Sachen selber noch einmal ein paar Tage tragen, auch, wenn dies rein größenmäßig vielleicht nicht mehr zu gehen scheint. Entscheiden Sie selber. Und teilen Sie die Entscheidung ganz klar mit.
Sagen Sie:
„Dieses Paar Söckchen kannst du gerne nochmal tragen, die anderen Sachen bleiben im Schrank liegen." Schließen Sie

selbstverständlich und ruhig den Schrank mit den Babykleidern.

Und immer wieder hören die großen Geschwister gerne, wie es war, als sie selber noch so ganz klein waren... und ganz arg liebgehabt wurden auf diese besondere Weise, wie man Säuglinge lieb hat.

2   Die Geburt – mit „Mut" für alle

Die Geburt rückt näher.
Am Kalender kann man nun schon sehen, dass gar nicht mehr so viel fehlt...!
Nun ist es hilfreich, wenn die Eltern dem großen Kind noch mehr Klarheit und Sicherheit vermitteln: Denn Sicherheit gibt Halt. Dann macht es nichts, wenn nicht alles so abläuft, wie ursprünglich geplant: Das Sicherheitsnetz, gespannt aus Zuversicht, grundsätzlicher Annahme, Liebe und Vertrauen hält!

Vorbereitungen für den Zeitpunkt der Entbindung
„... und wo bin ich dann eigentlich, wenn das Baby kommen wird? Und wo wird das Baby kommen? Und wie geht das eigentlich?"
Manches Kind wird sich diese Fragen ganz bewusst stellen und deshalb auch uns Eltern immer wieder fragen. Andere Kinder, oft die jüngeren, fragen uns nicht – jedenfalls nicht bewusst! Diese Fragen geistern als unbewusste Schwingungen in ihrem Herzchen herum und führen vielleicht zu einer gewissen Verunsicherung. Die *kann* eine Ursache für „Entmutigung" sein – je nach unbewusster Entscheidung des Kindes. Und je nachdem, wie es uns gelingt, Sicherheit zu vermitteln, den Stein der

„Entmutigung" zu verkleinern oder gar ganz zu entfernen. Das heißt die kindliche unbewusste Frage derart zu beantworten, dass sich das Kind sicherer fühlen wird.
Wundern brauchen wir uns nicht, warum das Kind möglicherweise plötzlich wieder Schwierigkeiten hat, in die Krippe zu gehen; warum es plötzlich ganz „unerwartet" nachts wieder aufwacht, obwohl es doch schon lange durchgeschlafen hat; oder warum es sogar anderen Kindern gegenüber ein bisschen aggressiv wird. Diese und viele andere Verhaltensweisen sind oft kleine Alarmsignale, mit denen das zukünftige ältere Geschwister uns auf sein Nicht-Wissen hinweisen will, natürlich unbewusst. Ihm ist nur klar, dass sich ganz ganz viel ändern wird in seinem Leben... was konkret, kann es noch nicht wissen, da ihm (meist) die Erfahrung fehlt.
Dieses Wissen können wir ihm geben! Und das dazugehörige Verständnis für seine Situation gepaart mit einer Riesenportion Liebe.

Hier wird unser Baby geboren - Krankenhaus besichtigen
„Morgen schauen wir das Haus an, in dem das Baby geboren werden soll!"
Nehmen Sie Ihr großes Kind mit, wenn Besichtigungstermin in der Geburtsklinik ist – oder vereinbaren Sie besser noch einen extra Termin. Dann können Sie sich voll und ganz Ihrem Großen widmen.
Sagen Sie:
„Schau, den Weg werden Papa und ich fahren, wenn das Baby kommen will. Den Weg kennst du ja, hier fahren wir immer zur Oma..."
Wenn das große Geschwister im gleichen Krankenhaus/Geburtshaus auf die Welt kam, ist es natürlich eine wunderbare Gelegenheit, ihm das zu erzählen!

Vielleicht dürfen Sie auch auf eine Station gehen und einige Zimmertüren anschauen – fragen Sie einfach das Krankenhauspersonal, fragen kostet nichts. Zumindest von außen sehen Sie den Kreißsaal, und wenn es nur die Fenster von der Straße aus sind. Für das große Kind ist es eine ungemeine Beruhigung, wenn es die Örtlichkeiten gesehen hat, wenn es merkt, dass diese nicht „aus der Welt" sind, wenn es sieht, dass es ein ganz normales Haus mit Fenstern und Türen ist... Wir ahnen oft nicht, welche Vorstellungen sich Kinder machen, nur weil sie ein Wort nicht kennen, falsch verstanden haben, fehlinterpretieren... Dies kann unter Umständen zu Verunsicherungen und „Entmutigungen" führen, die ganz einfach zu vermeiden sind.

„Wenn das Baby dann geboren ist, kannst du mich mit Papa/Oma dann auch besuchen. Wir werden in einem der Zimmer liegen. Jede Mama hat ein großes Bett, die kleinen Babys haben Extra-Bettchen mit durchsichtigen Fenstern." Erzählen Sie Ihrem Kind so viel wie möglich.
Überfordern Sie Ihr Kind aber nicht: Kinder fragen immer so viel nach, wie sie vertragen, zu erfahren und zu wissen! Sie kennen Ihr Kind so gut, dass Sie spüren, wann es genug hat. Wenn es mehr wissen will, wird es nachfragen... vielleicht auch erst ein paar Tage später.

Bei sehr jungen Kindern spielt auch hier eher das Gefühl die wichtige Erfahrungsrolle: Für sie kann der „komische Geruch" im Krankenhaus prägend sein. „Und da soll Mama hin? Das ist blöd, das mag ich aber nicht. Mama soll es gut gehen!" So könnten ihre Gedanken sein. Sobald sie jedoch spüren, dass Sie sich wohl fühlen im Krankenhaus, dass Sie sich auf „das Essen, das man hier schon riechen kann", freuen, dass Sie schon ahnen, dass hier ganz liebe Krankenschwestern sein werden, überträgt sich Ihre Sicherheit auf Ihr großes kleines Kind. „Und was hier noch so eigenartig riecht, ist Medizin."

Vielleicht soll das Baby ja auch zu Hause geboren werden: Dann zeigen und erklären Sie dies Ihrer Großen!
„Hier werden wir eine Decke hinlegen, dann eine Folie, dann ein Leintuch und noch ein Leintuch... und darauf werde ich mich hinknien, wenn das Baby geboren wird."
Je näher der Zeitpunkt der Geburt rückt, werden Sie eventuell diese notwendigen Dinge schon bereitlegen – Ihr Kind kann sie anschauen, anfühlen, „dieses aber nicht! Dieses Tuch muss ganz sauber bleiben für unser Baby."

Hier wirst du sein, wenn das Baby kommt.
Auch wenn Kinder es nicht sagen (können) ist es für sie von großer Bedeutung, wenn sie einigermaßen wissen, wie der Tag der Geburt ablaufen wird. Das Kind spürt Sicherheit und das Vertrauen, das Sie ihm entgegen bringen! Sie beziehen es in die vorbereitenden Überlegungen mit ein. Sie trauen ihm zu, dass es schon so groß ist, alle diese Vorbereitungen zu erfahren – egal, wie jung ihr älteres Kind ist.
Dies stärkt sein Selbstwertgefühl als großes Geschwister!

Natürlich kann alles ganz anders werden! Das weiß keiner so genau. „Aber auf jeden Fall machen wir verschiedene Pläne!"
Wenn das Baby tagsüber geboren wird, geht das große Geschwister vielleicht zur Nachbarin. Wenn es nachts geboren wird, kommt die Nachbarin herüber. Oder sie holt das Kind vom Kindergarten ab, oder der Opa kommt 50km hergefahren... oder...!
Wir selber haben das alles im Kopf, überlegen es uns meist mehrere Male hin und her, wissen natürlich nicht, ob es dann genau so sein wird – und sind manchmal selber ganz

verunsichert. Macht nichts. Aber an unseren Plänen können wir unsere Großen teilhaben lassen!

Für sehr junge Kinder kann es hilfreich sein, wenn Sie ein, zwei Fotos für diese Situationen an einer für das kleine Kind sichtbaren Stelle aufhängen.
Sagen Sie:
„Wenn das Baby geboren wird, kommt die Oma zu dir."
Kleben Sie ein Foto auf, auf dem man Oma und Ihr Kind gemeinsam in froher Gemeinschaft sieht.
„Oder wir fahren dich zur Tante Regine, wenn das Baby geboren wird."
Kleben Sie ein Foto mit Tante Regines Wohnung auf, auf dem am besten noch Tante Regine und Ihr Kind zu sehen ist.
Diese Fotos müssen nicht „schön sauber" bleiben! Im Gegenteil: Je öfter sie von Ihrem jungen Kind mit allen Sinnen betrachtet werden, desto besser. Spuren von Spucke oder Kritzeleien zeugen davon, dass Ihr Kind sich damit beschäftigt.

Von vielen Müttern habe ich gehört und selber drei Mal erlebt, dass sich die jüngeren Geschwister fast immer die Zeit für die Geburt aussuchen, die für die Familie am besten passt. Vertrauen Sie darauf.
Und vermitteln Sie Ihrem großen Kind die Sicherheit: Dass Sie zwar nicht genau sagen können, wie es wird, dass es aber wahrscheinlich eine der besprochenen Möglichkeiten sein wird.

Auch sehr junge Kinder haben ein Recht, das zu erfahren. Wenige Worte in sicherem, liebevollem, beruhigendem Tonfall reichen aus. „Du wirst gut versorgt sein, wenn das Baby geboren wird. Liebe Menschen werden auf dich aufpassen."

Vor allem uns Müttern tut es auch gut, wenn wir wissen, dass es den Großen gut geht – dann können wir uns beruhigt auf das Erlebnis „Geburt" einlassen – und loslassen.

Wie funktioniert denn das mit der Geburt?
Vor allem die älteren großen Geschwister wollen jetzt auch genau wissen, wie das mit der Geburt eigentlich funktioniert. Manchmal geistern ja so Gerüchte bei Kindern herum, wie „da legst du dich ins Bett, dann musst du fünf Minuten warten – und schon ist das Baby da!" Nun, ganz so schnell geht es ja meist nicht...

Ich glaube, Kinder haben ein großes Erinnerungsvermögen, wenn wir ihnen von der ganz großen Kraft erzählen, die in uns Mütter kommt, wenn das Baby herausgepresst wird. Ganz still, innerlich und aufmerksam hören sie zu... ach ja, genau so war dieses Wunder bei mir.

Wer nachfragt, kann außerdem hören, dass es schon auch weh tut. Und dass die Mama vielleicht auch schreien wird, vielleicht sogar ziemlich laut schreien wird. Vor allem Kinder, die im Haus dabei sein werden, sollten das vorher wissen. Meine Kinder wollten sogar hören, *wie* laut ich wohl schreien werde: Obwohl ich das in dem Moment nicht konnte (das kann man vielleicht nur, wenn es dann so weit ist), haben sie bestimmt einen kleinen Eindruck bekommen...

Ob Sie die „Kaiserschnitt-Geburt" erklären, hängt von Ihrer persönlichen Situation ab: Erklären Sie so viel, wie Sie meinen, dass Ihr Kind wissen will. Einfache Worte reichen meist.

Wer wissen will, wie das Baby herauskommt, will jetzt vielleicht wieder einmal wissen, wie es denn in den Bauch hineingekommen ist. Und meist nicht nur einmal...
Schließlich ist es fast neun Monate her, dass wir es unseren Kindern erklärt haben. Neun Monate sind eine sehr, sehr lange Zeit für ein Kind. Und „Aufklärung" ein ständiger Prozess, der nicht mit einer „Unterrichtseinheit" abgeschlossen ist.

Viel Kraft und Vertrauen bei der Geburt
Und endlich ist es so weit. Es zwickt und zwackt im Bauch, die Blase springt vielleicht – es geht los!

Heute kommt unser Baby! – Der vorbereitete Plan rollt an.
„Hör mir mal gut zu: Das Baby wird jetzt geboren!" Wäre doch der Tonfall von uns Eltern immer so klar und bestimmt, wie bei diesem Satz...
Manchmal kommt ja alles ganz anders, als wir uns gedacht haben – auch recht. Dann ist Spontaneität gefragt. Sobald es uns gelingt, ruhig zu atmen, überkommt uns eine gute Ruhe und Zuversicht. Diese strahlen wir auf unsere Kinder unausgesprochen aus.

Sobald es uns gelingt, guten Mut aufzubauen, oder anders gesagt: auf die „himmlischen Kräfte" zu vertrauen, werden wir innerlich ruhig und können unseren Kindern in Ruhe erklären, was sich nun tut, was mit ihnen geschieht, was mit dem Baby und der Mutter geschieht... und die großen Geschwister haben ebenfalls Vertrauen, Freude und Zuversicht. Dies ist gerade in der Zeit der Geburt, in der nicht wir, sondern „die Kraft der Geburt", das „Leben" die Regie übernimmt, wichtig: Wenn wir uns diesem Geschehen in Zuversicht überlassen können, überträgt sich unsere Sicherheit „ermutigend" auf unser älteres Kind.

Hilfreich ist es bestimmt, sich schon vor dem Geburtstermin damit zu befassen: Wie gelingt es uns, Vertrauen, Ruhe und Zuversicht zu haben?
Wir *brauchen* nichts, um glücklich, froh und voller Zuversicht zu sein.
Eine schöne *Übung* ist, sich vorzunehmen, „froh", „zuversichtlich" und „glücklich" zu sein, unser Herz mit Liebe und Freude zu füllen und mit dem Pulsschlag diese Freude in uns zu vergrößern, zu verbreitern, in uns zum Überlaufen zu bringen, uns ganz und gar bis weit über unsere Körpergrenzen hinaus damit zu füllen... Nun können wir unsere Kinder darin einhüllen und ihnen Sicherheit geben. Vielleicht wollen Sie sich Ihre Lieblingsfarbe als Wolke vorstellen, in die Sie sich (und Ihr Kind) schützend einhüllen.
Wenn wir diese Übung vorher oft geübt haben, ist sie nun abrufbereit. Wir vermitteln unserem Kind Sicherheit, Liebe und Zuversicht. Die kann es jetzt gut brauchen! Und wir auch...

Unterschätzen wir nicht die Kraft der bildhaften Vorstellung. Gerade Kinder stehen den Gefühlen, die wir dadurch ausstrahlen und – ohne unser bewusstes Zutun – einfach so an sie ausstrahlen und übermitteln, sehr offen gegenüber. Abwertenden Gedanken, wie „so etwas kann ja gar nicht funktionieren", können hinderlich wirken. Wenn wir in positiver Erwartungshaltung sind, kommt das Vertrauen, das wir unseren Kindern übertragen wollen, ungefiltert bei ihnen an. Den ganz jungen „großen" Geschwistern genauso, wie den etwas älteren.
Vertrauen wir in diesem Sinne auch den Gegebenheiten hier vor Ort: Die Menschen, die wir mit der Aufsicht für unser Großes betraut haben, werden sich gut um es kümmern!

Meist läuft nun einer der vorbereiteten Pläne ab: So haben wir alles gemeinsam besprochen und geplant. Wir Mütter können „loslassen" und uns gut der Ankunft des neuen Kindes widmen, wenn wir wissen, dass es den Großen gut geht.

3 Geboren! – Das Mobile „Familie" wird justiert
Und dann ist der neue Erdenbürger da...

Herzlich Willkommen, liebes Geschwister
Wenn sich die Geschwister das erste Mal sehen, ist dies für alle Beteiligten ein besonderer Augenblick...
Kennen tun wir uns ja schon alle, nur gesehen haben wir uns noch nicht in dieser Weise. Es sind wunderbare Augenblicke, wenn diese Momente in Ruhe vor sich gehen können.
Wir Eltern müssen gar nicht viel sagen, je mehr Raum und Stille wir geschehen lassen, desto tiefer ist das Kennenlernen, vielmehr das Erkennen.
Natürlich ist es im Krankenhaus anders, als zu Hause. „Natürlich riecht es hier anders, sind hier andere Menschen – aber ich, Kind, habe es ja schon einmal gesehen und gerochen, ich war ja schon mal hier." Der Besuch liegt zwar etwas zurück, aber in der Tiefe der Erinnerung ist es noch da, dieses innere Wissen und Vertrauen: Hier kann man sich wohlfühlen.

Wenn wir die jungen Kinder nun daran *erinnern*, dass das junge Baby ja noch sehr klein ist, ganz empfindliche Ohren hat, sehr viel Ruhe braucht, sind die großen Geschwister sehr vorsichtig und leise. Und auch diesmal überträgt sich unausgesprochen unser eigenes Verhalten auf die Kinder: Je mehr „Gedöns" wir machen, je mehr wir reden, ermahnen,

die großen Kinder hierhin und dorthin dirigieren, desto unruhiger wird die Situation und es kann Stress für alle Beteiligten entstehen. Je leiser wir sind, je mehr Zutrauen, Verlässlichkeit und Freude wir ausstrahlen, desto sicherer sind die großen Geschwister.
Oft sind die ersten Blickkontakte wahre Wunder... Lassen wir sie einfach geschehen ohne große Worte.

Vielleicht passt es ja, das kleine Baby schon mal zu berühren, ganz vorsichtig... Vielleicht sind alle Beteiligten noch etwas scheu und zurückhaltend. Wie es ist, ist es. Beobachten wir als Eltern, spüren wir, öffnen wir uns für die Gefühle der anderen, auch für die Gefühle unseres soeben groß gewordenem „älteren Geschwisters". Somit sind wir in der Lage, verständnisvoll auf seine Bedürfnisse einzugehen.
Zu Hause, nach einer Hausgeburt, haben wir hierfür lange Zeit. Nehmen wir sie uns auch, wenn die Geburt an einem anderen Ort stattfindet.

Sehr junge „große" Geschwister brauchen jetzt einen sicheren Halt einer *vertrauten*, liebevollen Person! Am Arm von Papa, Oma, Tante oder Freundin betrachten und erspüren auch sie erst mal die neue Situation...

Hallo Mama, du schaust ja so anders aus – Mobile in Bewegung
Und im gleichen Bruchteil von Sekunden, in dem sich die neuen Geschwister sozusagen „wieder" kennenlernen, werden Weichen gestellt für das zukünftige Beieinander sein. Das Mobile „Familie", das sich nach der letzten Geburt nun (endlich?) eingependelt hat, ist erneut in Schwingung geraten: ein neues Mobileteilchen ist angehängt worden, alle Teile wackeln ein bisschen... die Teile in der Mitte weniger, die außen etwas mehr... stürzt gar eines ab? Wir Eltern

können Sicherheit geben, wir können „ermutigen". Durch einfühlendes Verstehen und „ermutigendes" Handeln können wir der ganzen Familie helfen, den neuen Erdenbürger in Harmonie zu empfangen. Und: den größeren Kindern helfen, ihr Teilchen am Mobile „Familie" neu und „richtig" zu platzieren! Letztendlich entscheidet sich dennoch jedes Familienmitglied (unbewusst) selber dafür, wie es mit dieser neuen Situation umgeht....

Wo ist Mamas Bauch?
Für uns Eltern ist ja mit dem Augenblick der Geburt vieles wieder so bekannt und doch so neu, so anstrengend, ... Obwohl wir es schon erlebt haben, ist es wieder ganz anders, als bei den Geburten davor. Wir Erwachsene wissen so vieles, können darüber nachdenken, können abstrahieren, Zusammenhänge herstellen: „Die Geburt war anstrengend. Nun braucht das kleine Baby seine Ruhe, muss erst mal ankommen. Mama muss am Damm genäht werden. Der Gang auf die Toilette wird vielleicht wieder schmerzhaft sein. Die Nächte werden nun schlagartig wieder unterbrochen sein, weil das kleine Baby gestillt werden will. Hoffentlich klappt alles mit dem Milcheinschuss... Und dann sind da noch die Großen, die auch versorgt sein wollen..."
Dies geht uns bewusst oder unbewusst durch den Kopf.
Und das große Geschwister nimmt erst mal nur wahr, beobachtet, nimmt die Stimmung auf. Auch wenn es dabei vielleicht viel redet, unruhig ist, oder gar nicht interessiert wirkt, bekommt es doch alles irgendwie mit. Vielleicht aber eben nur „irgendwie".
Und dann kommen ihm eventuell unbewusste Gedanken wie: „Warum schaut Mama so komisch aus?" (Das „Komische" ist die Anstrengung und Übermüdung nach einer nächtlichen Geburt.)

„Warum hat das Baby das eine Auge so zu?! Ist es vielleicht krank?"
„Warum schreit denn das Baby dauernd, oder wimmert so komisch? Stimmt etwas nicht?"

Wir Eltern lernen in diesem Moment, unsere Liebe auf ein Kind mehr zu verteilen. So ist es wohl gar nicht notwendig, dem großen Kind alles theoretisch bis ins Kleinste zu klären und zu erklären. Es reicht vollkommen – und ist mehr als genug – wenn wir ruhig sind, ruhig werden, ruhig bleiben. Wenn wir atmen, spüren und vertrauen. Es reicht in Gänze, wenn wir dankbar sind – in diesem Moment...

Das neue Baby ist ganz nah bei Mama
Dann ist es für das „große" Geschwister richtig, dass das neue Baby ganz nahe bei Mama ist. Denn es spürt, dass Mama und Papa zufrieden sind – dass alles seine Ordnung und Richtigkeit hat.

Ist denn noch Platz für die großen Geschwister? Natürlich. „Aber da liegt ja schon das kleine Baby im Bett bei der Mama! Und wir sollen doch vorsichtig sein... Und Mama ist ja auch so müde..."
Ja. Es ist so. Vielleicht ist momentan wirklich kein Platz neben der Mama. Vielleicht ist sie auch sehr angestrengt von der Geburt, auch noch nach Tagen. Und die Nächte sind auch nicht gerade erholsam. Platz für das Große ist da!
Sagen Sie:
„Schau, in meinem Herzen ist ganz viel Platz für dich. Hier am Arm kann ich dir gerade eben den kleinen Finger halten – hier im Finger kommt meine ganz dicke Liebe für dich aus meinem Herzen durch!"
Nun ist Papas Zeit da – oder Omas, Freundin's, Nachbarin's – den Schoß dem großen Kind zur Verfügung zu stellen:

„Komm, du kannst bei mir ganz nahe sitzen und der Mama die Hand halten."

Vielleicht gibt es sehr junge „große" Geschwister, die nicht akzeptieren wollen, dass es jetzt nicht ganz nahe bei Mama liegen kann, weil da schon das kleine Baby liegt. Die dann anfangen zu schreien...
Hier gibt es keine generelle Empfehlung, die für alle Familien gleichermaßen passt: Hilfreich ist, wenn alle beteiligten Erwachsenen versuchen, sich in das zeternde „große" Geschwister hineinzuversetzen. Was möchte es erreichen?
Ganz nahe bei Mama sein? – Vielleicht spürt es gerade nur die tiefe Liebe, die von Mama zum *Neugeborenen* geht und muss sich der Liebe von Mama zu *ihm* selber ganz feste versichern.
Die Situation beherrschen? - Vielleicht fühlt es sich verunsichert und spürt niemanden, der das Steuer sicher in der Hand hält. „Denn Mama ist ja dazu anscheinend momentan nicht in der Lage."
Die Eltern tief kränken? – Vielleicht war die Zeit der Geburt, ohne Mama und Papa, doch sehr anstrengend und verunsichernd. Daran waren ja Mama und Papa und das Neugeborene „schuld", denen will das „große" Geschwister es jetzt heimzahlen. Oder?

Hilfreich ist es für uns Mütter, wenn wir noch sehr erschöpft sein sollten, wenn jetzt einer der anwesenden Erwachsenen das Steuer sicher in die Hand nimmt und entscheidet, was momentan zu tun ist.
Entweder: Papa, Oma, Freundin gehen mit dem „großen" Geschwister hinaus und widmen sich ihm *ganz*! Schenken Sie ihm „in Vertretung von Mama" Zeit, Aufmerksamkeit und – grundsätzliche Liebe. Lenken Sie es liebevoll ab, geben ihm möglichst viel Sicherheit und Zuneigung.

Oder: Mama kann doch kurz das „große" Geschwister bei sich ins Bett nehmen – nach kurzem „Liebe-tanken" ist der Besuch dann wieder beendet.

Wichtig: Schimpfen Sie *auf keinen Fall* Ihr soeben „groß" gewordenes älteres Kind! Wenn es auf diese ungute Art zappelt und schreit, macht es auf seine Notlage aufmerksam! Es braucht jetzt jede mögliche Hilfe, Sicherheit und Zuwendung von allen Beteiligten.

In diesem Zusammenhang kann ich nur jeder Familie raten, alle erdenkliche Hilfe in Anspruch zu nehmen, damit Haushalt Haushalt sein kann und sich vor allem Mutter und Kinder in Ruhe aneinander gewöhnen können!

Natürlich sind wir Mütter unglaublich stark! Natürlich können wir meist nach wenigen Stunden oder Tagen aufstehen, waschen, kochen, und eben tun, was zu tun ist! Das können wir wirklich. Die Frage ist nur, wie zuträglich dies für uns und für unsere Familie ist. Was nützt es, wenn wir unsere Stärke demonstrieren, um dann nach wenigen Wochen am Zahnfleisch daher zu kommen? Es ist halt viel, was auf eine Mehrfachmutter zukommt. Und wann können wir uns am besten ausruhen, wenn nicht jetzt, wo eventuell der Vater einige Tage frei hat, die Oma extra angereist ist, um zu helfen, und (hoffentlich) die Haushaltshilfe von der Krankenkasse bezahlt wird.

Gerade jetzt ist die Zeit, sich Zeit zu nehmen für

- das eigene Bedürfnis nach Ruhe und Erholung.
- das kleine neue Baby, um es mehr und mehr kennen zu lernen.
- die großen Geschwister, um mit ihnen alleine Zeit zu verbringen und mit ihnen und dem Baby zusammen zu sein.

Denn das ist es, was allen in der Familie Vertrauen gibt. Und das Gefühl, dass jeder angenommen ist und lieb gehabt wird.

Mama hat eine so hohe Stimme
Die Natur hat es fabelhaft eingerichtet: Kaum sehen wir ein junges Baby, sei es Mensch oder Tier, sprechen wir in erhöhter Stimmlage. Das „Kindchenschema" lässt den Instinkt des Versorgens, Behütens und Verzärtelns augenblicklich aufwachen. Wir kümmern uns liebevoll um das kleine Wesen ... und retten es vor dem Verderben, dem es ohne unser Zutun ausgeliefert wäre. Das ist die biologische Notwendigkeit. Der Haken daran ist, dass unsere großen Kinder dies oft missverstehen...

„Mama hat so eine liebe Stimme, wenn sie mit dem Baby spricht. Wenn sie mit mir redet, hat sie die böse Stimme. Also mag sie mich nicht mehr." So einfach ist das. Aber leider falsch.
Das ältere Geschwister interpretiert die Piepsstimme der Mutter als „lieb", die Normalstimme der Mutter, mit der sie sich dem – nicht mehr im Kindchenschema befindlichen - älteren Geschwister zuwendet, als „unlieb".

Mit einem einfachen Trick (= *Übung*) lässt sich dies jedoch umgehen: Sprechen wir mit unserem Baby, wird die Stimme automatisch hoch. Gut so! Wenden wir uns sofort unserem älteren Kind zu, das beobachtend daneben steht, lassen wir einfach die Stimme in der hohen Tonlage! Und schon spricht Mama mit „lieber Stimme" zu dem großen Kind.
Das hört sich vielleicht etwas eigenartig für uns Eltern an. Macht nichts.

4 Alltag mit dem Neugeborenen – „Ermutigung" knüpft die Mobile-Knoten fest

Nun sind wir zu Hause angekommen. Die Blumen im Garten sind noch die gleichen, wie vor der Geburt des Kindes, die Bäume stehen noch, alle Zimmer in der Wohnung sind noch da – und doch ist alles anders in der Familie...

Viele Male haben wir Eltern uns vorgestellt, wie es sein wird, wenn das neue Kind geboren ist. Die Routine ist relativ schnell wieder vorhanden. Jeder Handgriff ist uns bekannt: Wickeln, Halten des Babys, sodass es sich wohl fühlt, Anziehen des klitzekleinen Körpers – das alles beherrschen wir noch gut. Und das ist gut so! Denn da ist jetzt noch jemand, der mit Argus-Augen schaut, beobachtet, prüft, wie „die Mama das denn macht!"...

Der Auftrag an die Eltern: Sicherheit geben

„Wie die Mama das denn macht" zeigt dem älteren Geschwister, wie lieb die Mama dieses neue Kind hat. Viele Gesten und Tätigkeiten, die Mama mit dem Säugling ausführt, weisen das ältere Kind auf diese besondere liebevolle Art und vollkommene Zuwendung hin. Die Interpretation alles dessen, was Mama macht, nimmt das Kind selber hervor! Wir können unterstützend und „ermutigend" darauf einwirken – wir können helfen und Sicherheit geben.

Das ist es, was auf Eltern von mehreren Kindern an neuer Aufgabe für ihr „großes" Kind jetzt besonders zukommt: Für das Kind Sicherheitsfäden ans Mobile „Familie" knüpfen. Mehrere Fäden lassen ein Sicherheitsnetz entstehen. Von vielen Fäden bemerkt und akzeptiert das „große" Geschwister meist immerhin einige als Unterstützung. Machen wir uns jedoch keine Vorwürfe, wenn unser „großes" Kind trotz allem von seinem jungen Geschwisterchen nicht begeistert ist. Davon später mehr.

Geben wir unserem „großen" Kind Sicherheit auf der Gefühlsebene genauso wie durch sichtbares Handeln.

Das grundsätzliche Bedürfnis jedes Kindes – geliebt werden
Auf der Gefühlsebene will jedes unserer Kinder spüren:
„Meine Eltern lieben mich so wie ich bin."
„Meine Eltern lieben mich so wie vorher (als noch kein kleines Baby da war)."
„Meine Eltern lieben mich mindestens genauso, wie das kleine Geschwister."

Zeigen wir dies unserem „großen" Kind!
Kuscheln Sie mit Ihrem „großen" Kind. Balgen Sie sich liebevoll mit Ihrem „großen" Kind. Nehmen Sie Ihr Neugeborenes auf den einen Arm, Ihr älteres Kind auf die andere Seite.

Akzeptieren Sie, wenn sich Ihr „großes" Kind unerwartet von Ihnen abwendet. Interpretieren Sie in dieses Verhalten kein Gefühl, nehmen Sie es einfach wahr. Wenn Ihnen das schwer gelingen sollte: Deuten Sie es einfach als Neugierde! „Wird Mama in wenigen Augenblicken trotzdem wieder mit mir kuscheln? Auch wenn ich sie soeben weggedrückt habe?"
Ja, Mama wird ihr „großes" Kind auch jetzt wieder liebevoll in den Arm nehmen.

Vielleicht macht das „große" Kind daraus ein Spiel: Hin zu Mama, weg von der Mama, hin, weg...
Respektieren Sie auch Ihre eigenen Bedürfnisse – und die des Neugeborenen. Tun Sie diese klar und sachlich kund.
Sagen Sie:
„Jetzt möchte ich das Hin- und Her-Spiel nicht mehr mitmachen. Jetzt bin ich ein bisschen müde./ Jetzt braucht

mich das Baby./ Jetzt habe ich gerade keine Lust mehr darauf."
Bleiben Sie dabei bei der sachbezogenen Thematik. Lassen Sie sich von Ihrem „großen" Kind nicht auf der Gefühlsebene ausnutzen. Wenn *Sie* das Hin- und Herspiel nach einiger Zeit nicht mehr mitmachen wollen, hat das mit Ihrer Müdigkeit, Unlust, oder dem Bedürfnis des Neugeborenen zu tun. Aber *nichts* mit Ihrer grundsätzlichen Liebe und Zuneigung zu Ihren Kindern.
Dies brauchen Sie nicht zwingend zu sagen: Solange Sie dies selber innerlich so wahrnehmen und akzeptieren, reicht es meist vollkommen aus.

Ich darf helfen
Auf der Ebene des Handelns tut es „großen" Kinder gut, mithelfen zu dürfen. Dann spüren Sie: „Ich bin wichtig, ich werde gebraucht. Manches geht ohne mich nicht so gut."
Sie bekommen dadurch einen sinnvollen Platz am Mobile „Familie".

Beachten wir drei Dinge:
- ♥ Jedes Kind möchte grundsätzlich etwas Sinnvolles zur Familie beitragen.
- ♥ Wenn wir dem Kind zeigen, wo die mögliche Gefahr einer Sache ist und diese ihm sachlich erklären, ist es immer bereit, darauf zu achten. Ein Kind will sich und andere nicht verletzten, sondern hilfreich sein und „es" richtig machen. (*„Entmutigte"* Kinder können sich allerdings unbewusst verletzen, und rufen dadurch um Hilfe. Davon später mehr.)
- ♥ Nehmen wir uns Zeit für unser helfendes Kind, immer wieder kurz – es lohnt sich! Es gibt ihnen das Gefühl, wichtig, und vor allen Dingen geliebt zu sein. Und spart später enorm Zeit, weil wir durch diese

„Ermutigung" uns später nicht mit „entmutigten" Kindern herumstreiten müssen...

Große Geschwister sind sehr verantwortungsbewusst – den Dingen im Haushalt genauso wie dem kleinen Geschwister gegenüber!
Vielleicht kennen Sie als Beobachter von anderen Familien ähnliche Szenen wie folgende: Eine Mutter kauft am Markt ein. Am Arm hängt ihr Einkaufskorb, am anderen der MaxiCosi mit dem mittlerweile schon ganz schön schweren Säugling. Dabei sind auch die ca. 2,5 und 4-jährigen Schwestern. Endlich stellt Mutter das Baby am Boden ab, das jüngere Mädchen setzt sie auf die Taschenablage vor dem Einkaufsstand. Das ältere Mädchen beobachtet ihren kleinen Bruder, bemerkt, dass er sich die Decke von den Füssen strampelt. Sie lacht ihn an, er lacht zurück und juchst. Die Decke fällt beinahe zu Boden. Das Mädchen geht hin, hebt die Decke auf und legt sie behutsam auf die Beinchen des kleinen Bruders. In diesem Moment schaut die einkaufende Mutter her: „Anna, sei doch bitte vorsichtig!"

Natürlich ist Anna vorsichtig! Und sehr lieb. Verständlicherweise ist die Mutter mit den drei kleinen Kindern im Stress – natürlich will sie ihr mittleres Kind halten, damit es nicht von der kleinen Ablage fällt, natürlich möchte sie, dass die Decke am Baby nicht zu hoch rutscht und seine Nase und Mund bedeckt. Natürlich will sie alles ganz richtig machen! Und natürlich haben wir Beobachter großes Verständnis für diese Leistung eines ganz normalen Einkaufs auf dem Wochenmarkt mit drei kleinen Kindern!

Fazit: Machen wir es uns als Eltern nicht so schwer, wie wir meinen, es tun zu müssen – haben wir doch große Helfer dabei! Die großen Geschwister, die gut aufpassen wollen und können! Machen wir es uns leicht! Freuen wir uns an unseren Helfern, den großen Geschwistern.

Was können „junge" und „ältere große Geschwister" „tun"? Hier der Anfang eine Ideenliste, die jede Familie selber erweitern kann (aufsteigend nach Alter):
- ♥ Den Fuß des Babys streicheln
- ♥ Windeln reichen
- ♥ Feuchttücher aus der Verpackung holen
- ♥ Den Babyschuh herreichen
- ♥ Den Windelklettverschluss öffnen und schließen
- ♥ Die verschlossene volle Windel in den Abfalleimer werfen
- ♥ In die Stoffwindeln die Einlage einlegen
- ♥ Die Flasche halten, bringen
- ♥ Cremetuben öffnen (später auch schließen)
- ♥ Das Ärmchen vom Baby in das kleine Hemd zu stecken helfen
- ♥ Mamas Tasche halten, während Mama den Autositz vom Baby fest anschnallt
- ♥ Etwas vorsingen und erzählen
- ♥ Das Baby mit der Flasche eine Zeit lang füttern
- ♥ Den Reißverschluss vom Kinderwagenfell fertig zuziehen
- ♥ Den Kinderwagen vorsichtig schieben
- ♥ Die Decke richtig fest stecken
- ♥ Mit dem Pürierstab Babys Brei mixen
- ♥ Die genaue Wassermenge abmessen für Babys Fläschchen (evtl. mit Edding die Stelle am Messbecher markieren)
- ♥ Eine kurze Zeit lang – während Papa die Wäsche im Keller aufhängt – auf das Baby im sicheren Kinderwagen/am Boden liegend aufpassen

- ♥ Die trockenen Stoffwindeln auf die richtige Weise falten und im Regal aufbewahren
- ♥ Dem Baby die Draußen-Jacke und die Mütze anziehen für den gemeinsamen Spaziergang
- ♥ Im Geschäft die richtige Packung Windeln heraussuchen und in den Einkaufswagen legen
- ♥ Dem Baby den Brei füttern
- ♥ Und ganz vieles mehr...!

Es macht große Freude, gemeinsam mit dem großen Kind das kleine Geschwisterchen zu umsorgen! Es schmiedet zusammen. Und es gibt dem Großen das Gefühl, gebraucht und vor allem geliebt zu werden.

Ich bin schon groß, ich kann schon...
Ein junges Baby ist sehr klein und hilflos und kann ohne Hilfe nichts! Ein älteres Kind kann schon recht viel – und lernt immer mehr – wenn wir es lassen.
„Große" Geschwister bemerken selbstverständlich diesen Unterschied. Und wollen meist, dass dieser Altersunterschied lange Zeit bemerkbar bleibt: Sie wollen ihre Vorrangstellung als „älteres Kind" nicht aufgeben.
Ältere Geschwister, die einen sehr geringen Altersunterschied zu ihrem jüngeren Geschwister haben, laufen irgendwann im Laufe des Kinderlebens Gefahr, von diesem in manchen Bereichen eingeholt, ja gar überholt zu werden. Auch hier „entscheidet" jedes Kind wieder unbewusst, wie es mit dieser Situation umgeht. Eine Möglichkeit ist, dass sich die Geschwister (übrigens auch die mit größerem Altersunterschied) deshalb extrem gegenteilig entwickeln, bzw. sich für ganz unterschiedliche Dinge interessieren: Das eine entwickelt zum Beispiel mehr den musikalische Bereich, das andere wendet sich dem Sport zu. Den beiden Kindern dient das dazu, als eigenständige, nicht angreifbare oder

einholbare Persönlichkeit mit besonderen Interessen besondere Beachtung zu finden. Schon in sehr früher Zeit wird dies angelegt.
Anerkennen Sie die körperlichen und geistigen Fähigkeiten Ihres jungen „großen" Geschwisters – aber achten Sie darauf, keinen Wettbewerb zwischen Ihren Kindern hervorzurufen. Akzeptieren Sie jedes Ihrer Kinder so, wie es ist. Bemerken Sie neue Interessen und gesunde Neugierde an jedem Ihrer Kinder: Damit zeigen Sie jedem einzelnen von ihnen Entwicklungswege auf für ein Gebiet, in dem es ungeteilte Aufmerksamkeit erlangen kann – egal, wie seine „Leistung" in diesem Bereich ist, besser noch: vollkommen unabhängig vom Gedanken an „Leistung".
Sollten Sie zum Beispiel bemerken, dass Ihr ganz junges „älteres" Kind, das gerade so zu den Klaviertasten reicht, interessiert den Tönen am Klavier nachlauscht: Lauschen Sie mit. Freuen Sie sich über die verklingenden Töne. Singen Sie mit Ihrem Kind ein Lied. Aber buchen Sie auf keinen Fall die erste Klavierstunde für Ihr Kind! Ihr Kind wird sich im Laufe seines Älterwerdens entscheiden, ob es sich weiterhin dem Klavierspiel – vielmehr: der Liebe zur Musik! – zuwenden will, oder sein Interesse, und damit unausgesprochen die besondere Aufmerksamkeit seiner Eltern, auf einem anderen Gebiet erreichen wird.

Eine wunderbare Möglichkeit der „Ermutigung" ist, unsere Elternaugen so zu schulen, dass wir alles Handeln der Kinder zunächst so einzuschätzen versuchen, dass das Kind etwas Sinnvolles tut! Dabei ist es hilfreich, immer einen Moment länger zu warten und zu beobachten (bevor wir eingreifen, abhalten, ermahnen, „entmutigen"...).

Junge Kinder beobachten sehr, sehr viel. Irgendwann kommt dann der Augenblick, an dem sie das Gesehene in die Tat

umsetzen. Natürlich kann dabei etwas schief gehen – bisher haben sie es ja nur gesehen und noch nicht getan. Tatsache ist aber, dass die Kinder etwas Sinnvolles tun wollen!
Lassen wir sie es tun!

Stellen wir uns behutsam neben oder hinter sie, kommentieren wir leise ihr Tun. Sagen Sie:
„Aha, ich glaube, du bist gerade dabei, mit dem Dosenöffner die Dose zu öffnen, damit wir die Tomatensoße auf die Pizza streichen können. Prima!"
Lassen Sie das Kind probieren! Natürlich wissen Sie, wie man den Dosenöffner ansetzen muss, natürlich wissen Sie, dass das kleine Kind niemals die nötige Kraft hat, die Dose zu öffnen. Aber es selber weiß es noch nicht! „Schau mal", sagen Sie nach einiger Zeit des kindlichen Werkelns, „wenn man den Dosenöffner so hält und ganz feste drückt und dreht, öffnet es hier mit den ganz scharfen Schneideflächen die Dose. Ich kann mal hier halten und du drückst so feste du kannst. Ja! Super, da sieht man schon eine kleine Delle in der Dose!" Gemeinsam drehen und werkeln Sie. Nebenher können Sie dem Kind kurz erklären, wie scharf der aufgeschnittene Dosendeckel ist, und wie man die Hände und Finger davon am besten weg lässt.

Natürlich geht es ohne Kind viel schneller, natürlich sind die kindlichen Hände überall im Weg – aber Sie machen das nun gemeinsam, weil Ihr Kind lernen möchte, mit dem Dosenöffner umzugehen und dadurch das Familienleben bereichern will. Und Sie schaffen es: Die Dose ist offen – Ihr Kind ist mindestens einen Meter gewachsen – innerlich!

Wenn Sie mich jetzt fragen, wie alt das Kind aus obigem Beispiel ist, stutze ich: Ich persönlich denke darüber nicht nach – ich lasse jedes auch noch so junge Kind, das eine

Sachlage einigermaßen verstehen kann (also ab Geburt) und sich für etwas interessiert mit sogenanntem „gefährlichem" Werkzeug „richtig" arbeiten (aber nicht spielen). Entscheiden Sie also selber.

Solche Möglichkeiten gibt es unendliche im täglichen Beieinandersein mit Kindern jeder Altersstufe.

5 Das Baby wird beweglich – Als Eltern „ermutigend" aktiv bleiben!

Wir gewöhnen uns aneinander und an die neue Situation. Die Zeit mit kleinen Babys hat die Eigenart, noch schneller zu vergehen, als die Zeit sowieso schon schnell geht. Wir sind ja auch dauernd beschäftigt und im Einsatz...
Beinahe täglich finden Veränderungen statt, das Baby entwickelt sich und wächst. Haben wir beim ersten Kind vielleicht noch jede neue Geste und jeden Entwicklungsschritt auf dem Foto festgehalten, fehlt uns beim zweiten und weiteren Kind meist einfach die Zeit dazu.

Mit einem Mal stellen wir fest, dass unser kleines Kind anfängt, beweglich zu werden. Wir legten es auf der Decke am Boden ab, wenn wir nach kürzester Zeit wieder hinschauen, liegt es neben der Decke... wenige Wochen später rollt es durch das Zimmer und beginnt allmählich zu krabbeln.
Für ältere Geschwister ist dies eine wunderbare Zeit...

Kann ich mit dem Baby spielen?
„Kann ich nun endlich mit dem Baby spielen?" – so oft haben sie in den letzten Monaten gefragt, jetzt scheint es immer wahrscheinlicher zu werden, dass aus diesem kleinen

Frischling, der so gar nichts „Gescheites" konnte, ein fähiger Mitspieler wird! Dass das Baby nicht gleich mit den Bauklötzen mit bauen wird, haben auch die jüngeren „großen Geschwister" mittlerweile hautnah erlebt und können dies gut nachvollziehen. Nun, mit größer werdender Beweglichkeit des kleinen Geschwisters, erscheint ein Zusammenspiel mehr und mehr wahrscheinlich!

Eine Zeit lang ist es auch ganz lustig, mit dem Baby auf der Bodendecke zu kuscheln und durch das Zimmer zu rollen. Natürlich sind die Großen ganz vorsichtig!

„Ermutigung" durch positive Anweisung

Die Eltern haben erkannt, dass es reicht, einmal in Ruhe und Sachlichkeit zu erklären, auf was es als großes Geschwister in diesem Falle ankommt: sich ruhig mit dem Baby zu beschäftigen – achten, dass man *neben* und nicht auf dem Baby liegt – auch achten, dass die kleinen Ärmchen des Babys nicht ganz aus Versehen unter den schweren Popo des großen Geschwisters geraten – achten, dass keine Decke oder kein Tuch oder größeres Spielzeug über Babys Gesicht kommt – aufpassen, dass das Baby sich nicht am Tischbein oder am Heizkörper anstößt... Es ist schon eine Menge, auf was man als großes Geschwister alles aufpassen muss. Oder aufpassen darf! Leichter fällt es, wenn wir Eltern es positiv formulieren.

Sagen Sie so:
„Lege dich neben das Baby. Lege die Decke vom Baby auf seinen Bauch und nur bis zur Brust. Rolle nur bis hier zu diesem Strich am Boden, weit genug weg von Ecken und Kanten, an denen sich das Baby anstoßen könnte!"

„Ermutigung" durch Verantwortung für das kleine Geschwister – in Maßen

Vielen großen Geschwistern ist es eine Ehre, sich um ihr kleines Geschwister „richtig" kümmern zu dürfen. Wir Eltern können dabei gut lernen, Vertrauen zu haben! Natürlich kennen wir ja unsere Kinder gut genug, um zu entscheiden, wem wir so eine verantwortungsvolle Aufgabe in welchem Maße zutrauen können – oder welches unserer Kinder die Gelegenheit nutzen wird, einen kleinen „Racheakt" (also einen Hilferuf – dazu in Kürze mehr) zu tun.

Manchen Kindern ist es auch schlichtweg zu viel und sie fühlen sich überfordert, weil sie ständig auf ihr junges Geschwister aufpassen müssen.

„Ermutigung" besteht eben nicht nur darin, unserem Kind Aufgaben zu übertragen! Die Kunst der „Ermutigung" ist, in jedem einzelnen Fall zu spüren, was unser Großes jetzt gerade braucht:
- ♥ Mithelfen zu können
- ♥ Mit Mama/Papa einfach nur zu spielen/kuscheln und „Liebe" tanken
- ♥ Oder einfach mal in Ruhe gelassen zu werden und den eigenen Dingen nachgehen zu können
- ♥ Immer: „grundsätzliche Liebe erleben"

In jedem Fall ist es für Kinder eine gleichwertige, Mutmachende Möglichkeit, sie zwischen zwei (bei älteren: drei oder mehr) Dingen wählen zu lassen: „Möchtest du jetzt gerne auf Emma (Name des Babys) aufpassen, während ich koche oder lieber im Garten noch ein bisschen spielen, bis das Mittagessen fertig ist? Oder wie wäre es, mir ganz gemütlich beim Kochen etwas zu helfen?" Das Kind fühlt sich ernst genommen, weil es entscheiden kann, was ihm selber gut tut. Gleichzeitig spürt es den Sicherheit gebenden

Rahmen, der durch die Vor-Auswahl der Eltern an Angeboten gegeben ist.
Es erfährt: Ich bin wichtig, ich werde gebraucht, ich werde lieb gehabt, egal wie ich mich entscheide!

„Ermutigendes" Vorbild sein
Da Kinder sehr gerne nachahmen, was wir Erwachsenen ihnen vormachen (ohne viel reden!), imitieren die großen Geschwister oft mit Freude die Spiele, die wir Eltern mit dem Baby tun. So erfahren die eifrigen Großen etliche Möglichkeiten, ihre Liebe dem Baby gegenüber zu zeigen.
„Nicht wahr, es fühlt sich richtig gut an, die süße Haut vom Baby zu riechen!" sagen wir und schnuppern an Babys Backe. In unbeobachteten Momenten kann nun das große Geschwister riechen, die zarte Haut fühlen, die kleinen Juchzer des Babys nachjubeln, und einfach nur beobachten, wie die kleinen Ärmchen fuchteln und erzählen.
Schön ist es, die stille Zwiesprache zwischen großem und winzigem Geschwister, ihr gegenseitiges Erzählen mit den Augen, ihr beiderseitiges Erinnern an die „himmlischen Sphären", wo die Geschwister vor noch nicht allzu langer Zeit vereint waren, einfach nur zu beobachten. Später, wenn die beiden fertig sind, können wir kommentieren.
Sagen Sie:
„Ihr könnt euch schon richtig unterhalten und spielen, ihr zwei lieben Geschwister! Das finde ich sehr schön!"

Indem wir dem Kind gegenüber unser Wohlwollen ausdrücken, sowohl durch kurze, anerkennende Sätze, als auch *vor allem* durch unsere Mimik, Gestik und unsere annehmende Ausstrahlung, merkt es, dass es nicht selbstverständlich ist, so bewusst mit einem kleinen Baby umzugehen. Das große Kind erfährt unsere „Ermutigung", Anerkennung und Wertschätzung.

Nichts ist selbstverständlich!
Dass unser „großes" Kind sich liebevoll, friedlich, aktiv, interessiert, kuschelig, vorsichtig, selbstbewusst, einfühlsam, … mit unserem Jüngsten beschäftig, ist nicht selbstverständlich. Nichts ist selbstverständlich.
Wenn wir diesen Satz verinnerlichen und das Schöne fühlen und benennen, wird jedes positive Zusammensein, jeder glückvolle Moment zwischen unseren Kindern und uns zum Vergnügen, zu etwas Besonderem, zu einem kleinen Fest… Und Feste kann man ja nie genug feiern!

Das ist mein Spielzeug!
So wunderbar es ist, wenn das kleine Baby anfängt zu krabbeln, so unpraktisch ist dies gleichzeitig… Nicht nur für die Eltern, die nun wieder anfangen müssen, die gesamte Wohnungseinrichtung eine Regal-Etage höher (für Kleinkinder unerreichbar) einzurichten, sondern vor allem auch für die großen Geschwister. Konnte es vorher in Ruhe mit Bauklötzen bauen, kommt nun das kleine Geschwister daher und wirft alles um. Das fertige Lego-Raumfahrzeug kann nicht mehr sicher im „Weltraumbahnhof" warten bis zum nächsten Start, die neu sortierte Miniatur-Wohnungseinrichtung des Puppenhauses bleibt nicht ordentlich im Puppenhaus… überall besteht die Gefahr, dass das kleine Baby „etwas kaputt macht!" So ein Ärger!!!

Das große Kind merkt in diesem Moment nicht, dass das kleine Baby
- ♥ neugierig ist.
- ♥ nachahmen will.
- ♥ sich glücklich fühlt, Dinge tun zu können, die das geliebte Vorbild, das große Geschwister, tut.

Das große Kind spürt nur die Wut, dass nun wieder etwas kaputt ist…

Was treibt Kinder an, zu lernen?
Es ist die große Kraft der Entwicklung, der Neugierde, des Wunsches, zu „wachsen", Neues kennen zu lernen, Fortschritte zu machen. Dies ist jedem Menschkind von Natur aus gegeben.
Kleine Kinder sind umgeben von großen Menschen. „Große Menschen können alles!!" glauben kleine Kinder zunächst. Das eine Kind fühlt sich unbewusst dadurch überfordert und meint, „dieses Wissen, diese Fähigkeiten kann ich ja nie erreichen!" Es hält sich zurück, lernt die Dinge etwas langsamer, traut sich möglicherweise weniger zu. Das andere Kind fühlt sich dadurch erst recht angespornt und legt ein großes Tempo in Sachen „sich Fähigkeiten und Fertigkeiten aneignen" vor. Wichtig ist, das Lern- und Entwicklungstempo unserer Kinder nicht zu vergleichen und zu bewerten. Es ist, wie es ist. (Bei den vorgeschriebenen „Us" – regelmäßige Untersuchungen der Kinder – werden eventuelle Defizite entdeckt. Sollte Handlungsbedarf bestehen, wird die Kinderärztin dies veranlassen.)

Kinder, die ältere Geschwister haben, empfinden meist große Geschwister, die bis zu vier Jahren älter sind, als erreichbar. Geschwister, die fünf Jahre oder älter sind, sind meist so weit weg in ihrer Entwicklung, dass sie als „erwachsen" eingestuft werden (Ausnahmen bestätigen die Regel).

Es sind die beiden Wünsche
- ♥ zu lernen/ sich zu entwickeln und
- ♥ mitzumachen,

die das kleine Baby-Geschwister antreiben, gerade in dem Moment, als das große Kind anfangen will, mit dem Kuscheltier zu spielen, genau dieses Kuscheltier an sich zu reißen, anzuknabbern und „anzuschlabbern" – eben zu

erforschen mit dem ihm in diesem Entwicklungsstadium wichtigen Möglichkeiten (Mund).
Natürlich ist es verständlich, dass das große Geschwister dieses Kuscheltier wieder an sich reißt! „Iiiie, wie eklig! Das ist ja jetzt ganz nass!"
„Das ist meins! Gib es sofort wieder her!"
Auch still dasitzen, leiden, verzweifeln, still weinen sind Möglichkeiten, auf diesen „Angriff" zu reagieren.
Oder voller Empörung zum Papa laufen und über das Baby schimpfen, wie gemein es schon wieder ist, und immer muss es das Kuscheltier haben …!

Und nun ist unser richtiger, „ermutigender" elterlicher Einsatz im Bruchteil von Sekunden gefordert! Innerhalb von Millisekunden erspüren nämlich wieder einmal die Seismographen aller unserer Kinder mit allen Sinnen aufs Genaueste, wie wir reagieren:
„Für wen ergreift Papa/Mama Partei?"
„Wem spricht er/sie das Kuscheltier zu?"
„Wen mag er/sie lieber?"
Auf diese letzte entscheidende Frage kommt es den Kindern letztendlich an, wenn die „Entmutigung" schon ein bisschen um sich gegriffen hat.

So heißt es wieder für uns Eltern
- ♥ tief durchatmen
- ♥ alle unsere Sinne öffnen
- ♥ spüren, was unsere Kinder brauchen, nämlich die absolute, an keine Leistung, an keine Fähigkeit, an nichts gebundene Zusage, dass wir sie absolut lieben!
- ♥ schnellstens die Sachlage des Konflikts verstehen.

Es wird von der jeweiligen Situation abhängen, wem das Kuscheltier zugesprochen wird! Ihre Kinder spüren, dass es

um die Sache (das Kuscheltier) geht und nicht etwa darum, wen der Papa/die Mama lieber hat.
Denn Mama und Papa haben ja beide Kinder lieb. Nicht eines „lieb*er*"! Auch nicht „gleich lieb" – einfach nur „lieb"!

Machen Sie es sich zur Gewohnheit, das Wort „lieber" zu vermeiden. Ebenso ist die Formulierung „so lieb wie…" ungeeignet. Alle Worte, die einen Vergleich zwischen der elterlichen Liebe zu den Kindern hervorrufen könnten – rufen diesen Vergleich bei den Kindern hervor! Egal, wie wir die Worte meinen, drehen und wenden: Die Kinder interpretieren sie unbewusst genauso, wie die Kinder diese Worte brauchen.

Sagen Sie:
„Ich habe dich, Lukas, lieb. Ich habe Elsa lieb."

Nicht auch noch mein Zimmer!
Die räumlichen Gegebenheiten für Familien in unserer westlichen Welt sind sehr, sehr unterschiedlich. Ist es für die einen selbstverständlich, finanziell nicht zu ändern und/oder auch einfach wunderschön, wenn mehrere Kinder sich zusammen ein Zimmer teilen, so ist es für andere ebenso selbstverständlich und wunderschön, dass jedes Kind ein eigenes Zimmer hat.
Tatsache ist, wenn ein Geschwister hinzukommt, wird es wahrscheinlich irgendwann im Laufe seines Kinderlebens in das Zimmer des Geschwisters mit einziehen, oder es „betreten" (spätestens, sobald es laufen gelernt hat…).

Ungefähr ab zwei Jahren bekommen Kinder ein Gefühl für „mein" und „dein". „Das gehört mir und keiner darf es benutzen. Ich bin der Bestimmer" hat lange Zeit im Leben eines Kindes eine Bedeutung. Abgesehen von den vielen individuellen Möglichkeiten, die hier Kinder unbewusst einsetzen können, um im Falle der „Entmutigung" auf sich aufmerksam zu machen (wie wir im folgenden sehen werden sind dies: Aufmerksamkeit, Machtkampf, Rache, Rückzug), schauen sich viele Kinder unausgesprochen ab, wie ihre Vorbilder (Eltern, große Geschwister) mit „Besitz" umgehen. Das Wort „teilen" wird immer wichtiger – oder eben der Satz „das gehört mir, gib es sofort wieder her!".

Für nahezu alle Kinder ist es sehr schön, etwas Eigenes zu besitzen. Wie wunderbar, wenn das Kind einen eigenen Bereich für sich hat, der ganz ihm gehört. Dies muss nicht das eigene Zimmer sein. Es kann auch das „eigene Bett" oder „meine Ecke im Gemeinschafts-zimmer", oder „mein kleiner Schreibtisch mit Schubfächern im Wohnzimmer" sein: Das Kind fühlt sich dafür verantwortlich, kann dort seine Sachen aufbewahren – und eben darüber bestimmen. Es fühlt seinen Selbstwert, seine Wichtigkeit und seine Fähigkeit, für etwas verantwortlich zu sein. Wenn der gut versteckte Schlüssel des Schreibtischchens abhandenkommt, wird es eine Lösung finden (müssen) wieder an seine eigenen Dinge zu kommen. Wenn das Kinderzimmer unaufgeräumt ist, wird es sich (im Sinne des Familienrates – der gemeinsam mit den anderen Familienmitgliedern erarbeiteten Familienregeln) darum kümmern, (mit oder ohne Erwachsenenhilfe) das Zimmer zu den eventuell festgelegten Zeiten wieder aufzuräumen – oder es so sein lassen, wie es ist (je nach Familienregel).

In dieses kleine Reich dringt nun ein Störenfried vor!
- ♥ Das kleine Baby wird schon zu Beginn seines Lebens in seinem Bettchen in das Kinderzimmer einquartiert.
- ♥ Das kleine Baby bekommt, sobald es nachts durchschläft/abgestillt ist/ zum ersten Geburtstag … seinen Schlafplatz im Kinderzimmer

♥ Das kleine Baby hat ein eigenes Zimmer. Sobald es krabbelt, spätestens sobald es laufen lernt, wackelt es in das Zimmer des großen Geschwisters/räumt die „Ecke" des großen Geschwisters aus/ kruschtelt in den Schubladen des großen Geschwisters.
Die meisten großen Geschwister sind sehr verständig! Nur – das logische Verstehen vom Kopf her und das eigene Fühlen vom Herzen her sind zwei ganz verschiedene Dinge!
Der Kopf des großen Kindes sagt „versteh ich doch – klar kann das kleine Geschwister in mein Zimmer". Das Gefühl des großen Kindes sagt „das ist meins! Dieses Zimmer/meine Ecke ist ein Teil von mir! Da kann ich nichts davon abgeben. Da darf es auf keinen Fall hinein!"

Sobald es uns Eltern wieder gelingt, uns in die Rolle des großen Kindes zu versetzen, können wir seine Beweggründe verstehen und nachfühlen! Achten wir Eltern jetzt darauf, dass wir nicht unsere eigenen Bedürfnisse und Beweggründe (die wir vielleicht als Kind in einer Reihe von Geschwistern oder als Einzelkind entwickelt haben) auf unser Kind projizieren! Es geht nicht darum, wie ich mich als Vater fühle („weil meine Schwester damals als Kind in mein Zimmer einquartiert wurde und ich immer der war, der teilen musste"), sondern um mein Kind und wie dieses fühlt und empfindet.

Vielleicht denkt Ihr Kind so: „Habe ich (großes Geschwisterkind) eine Chance mitzubestimmen? Es ist doch mein Bereich (mein Zimmer, meine Ecke) – nun wird er mir plötzlich wieder abgenommen? Wo bleibt mein Bestimmer-Recht? Sorgen sich die Eltern um mich, oder denken sie wieder nur an das blöde Baby und dessen Bedürfnisse?"

Vielleicht erhaschen wir Eltern nur einen Funken des vollkommenen Verständnisses für unser großes Kind, vielleicht fühlen wir in seiner Gänze, wie es ihm geht: Wir vermitteln ihm: „Ich verstehe dich und deine Not!" Dies ist gelebte Gleichwertigkeit und „Ermutigung pur".
Nun können wir gemeinsam eine Lösung finden. Eine Lösung, bei der alle Beteiligten mitreden, eine Lösung, bei der vielleicht jeder der Beteiligten von seinem Standpunkt und Bedürfnis etwas abrückt, um dem anderen entgegenzukommen und sich in der Mitte zu treffen. Kinder sind sehr verständnisvoll.
Für sehr junge „große Geschwister" gilt das Gleiche: Nur sind sie auch jetzt möglicherweise immer noch nicht in der Lage, ihr Bedürfnis sprachlich auszudrücken.

Versetzen Sie sich auf jeden Fall zur Vorbereitung vorab im Augenkino (*Übung*) in Ihr Kind, um es gut zu verstehen: Sehen Sie in Gedanken Ihr Kind vor sich: Je plastischer, desto deutlicher gelingt es Ihnen, sich jetzt genau in die Position Ihres Kindes zu begeben. Fühlen Sie – was bewegt Ihr Kind?[4]
Formulieren Sie anschließend im gemeinsamen Gespräch zwischen allen Beteiligten (Eltern und Kinder jeden Alters) die Gefühle der Kinder als Frage.
Sagen Sie: „Kann es sein, dass du (Lukas) nicht magst, dass Elsa in deinem Zimmer spielt?"
Schauen Sie Ihr Kind an: Wenn Ihre Vermutung stimmt, wird Ihr Kind es in seinem Gesicht oder durch seine Körpersprache wenigstens kurz bestätigen (eventuell mit dem sogenannten „Erkennungs-Lächeln"). Wenn Sie falsch liegen, formulieren Sie eine neue Vermutung. Wenn es wieder falsch ist, verschieben Sie die Thematik auf einen späteren Zeitpunkt.

---

[4] Ausführliche Übungen, um Ihr Kind gut zu verstehen, finden Sie in meinem Buch „WUNDER-Punkt"

Wenn Sie richtig liegen, arbeiten Sie mit dieser Bestätigung. Finden Sie nun eine gemeinsame Lösung.

Lösungen gibt es so viele verschiedene, wie es Kinder und Eltern gibt.
Einige Möglichkeiten sind:
- ♥ Das Kinderzimmer mit einem Regal/ einer Trennwand/ einem Vorhang abtrennen – für jedes Kind einen Bereich.
- ♥ Das Kinderzimmer zeitlich trennen – zu bestimmten Zeiten darf das Zimmer nur von dem einen, anschließend von dem anderen Kind „benützt" werden.
- ♥ In einem anderen Zimmer der Wohnung einen ganz eigenen Bereich für eines der Kinder einrichten.
- ♥ Das kleine Geschwister darf das Zimmer des Großen mitbenutzen und muss sich an bestimmte „Regeln" halten (die Sachen aus der großen Schublade und das Bücherregal nicht verwenden, die bleiben, wo sie sind! Die Sachen in den Aufbewahrungskörben gehören dem Großen, dürfen aber vom Kleinen verwendet/ „ausgeliehen" werden.)
- ♥ Und vieles mehr.

Falls die jungen Geschwister der Sprache noch nicht mächtig sind, ist es eine große Hilfe, wenn wir Erwachsene uns als Sprecher für sie zur Verfügung stellen. Mutter/Vater redet in der Besprechung für das kleine Kind, vielleicht sogar mit hoher „Kinder"-Stimme und hinter ihm stehend, in seiner Rolle und hilft ihm auch (entsprechend unserer obigen Erkenntnis) dem großen Geschwister entgegenzukommen. Später ist es wichtig, das junge Kind an die Ergebnisse der Besprechung zu erinnern und im Tun die Regel einzuhalten.

Machen Sie keinen Machtkampf daraus, wenn eines der Kinder die erarbeitete Regel „vergisst": Anfangs hilft es meistens, das junge Kind abzulenken. Sollten sich stärkere Konflikte dadurch ergeben, fühlt sich eines Ihrer Kinder stärker „entmutigt". „Ermutigen" sie es!

6 Wenn der Sturmwind bläst – „Entmutigung" bringt das Mobile zum Wackeln

„Entmutigung" fühlt sich manchmal an wie ein Sturm und bringt das Mobile „Familie" ordentlich zum Wackeln. „Entmutigung" macht, dass Menschen sich (ganz oder in Teilbereichen) nicht mehr ihrer selbst sicher sind. Die Geburt eines Geschwisterchens kann als so ein „entmutigender" Sturm wahrgenommen werden.

Die kindliche Entscheidungsfreiheit
Die offensichtliche Veränderung in der Familie „Geburt eines Geschwisterchens" ist für alle sichtbar. Hinzu kommen Faktoren, die das Leben des großen Geschwisters unbewusst beeinflussen:
- ♥ Die Gefühle der Eltern. Das ehemals kindliche Empfinden lebt im Erwachsenen fort: Ähnliche Situationen werden vom Erwachsenen so interpretiert, wie er dies als Kind „geübt" und für gut befunden hat (= „Lebensstil[5]"). Auf Stresssituationen, als die sich eine Geburt und alle damit zusammenhängenden Veränderungen durchaus darstellen können, reagiert das Elternteil oft genauso, wie es als Kind auf ähnlich empfundene Stresssituationen reagiert hat.

---
[5] Lebensstil = ein Fachbegriff der Individualpsychologie

- ♥ Die äußerlich sicht- und hörbaren Äußerungen der Eltern.
- ♥ Die Reaktionen der Umwelt (Hebamme, Onkel und Tanten, Großeltern, Kinder in der Kita, ErzieherInnen in der Kita, LehrerInnen, NachbarInnen, …) – sowohl sichtbar in deren Äußerungen also auch spürbar in deren unbewussten Übertragungen.

Aus diesen „mixt" das ältere Geschwister seine eigene Interpretation dieser Sachlage – es entscheidet sich unbewusst, wie es sie wahrnimmt: Als „Entmutigung" oder „Ermutigung". Oder als neutrales Ereignis. Und wie es darauf reagiert. Je nach Alter ist sein Lebensstil noch nicht weit entwickelt und die Geburt des Geschwisterchens ist ein weiteres Puzzleteil für seinen eigenen Lebensstil. Oder das Kind ist schon über fünf bis sechs Jahre alt und verhält sich entsprechend seiner schon gebildeten Wahrnehmung der Welt und seines schon eingeübten dementsprechenden Verhaltens, seines Lebensstils.

Gehen wir nun davon aus, dass das ältere Kind die Geburt des Geschwisterchens als „entmutigenden" Sturmwind interpretiert.

6.1 Mama braucht viel Zeit für das Baby

Dann stellt es fest, dass die Mama ganz schön viel Zeit mit dem Baby verbringt!

Warum muss denn das Baby schon wieder trinken?
Babys müssen immer wieder essen. Das tun sie im Trinken. Sie haben einen kleinen Magen, der nicht sehr lange Zeiten überbrücken kann. Außerdem beruhigt das Saugen.
Bei vielen Müttern, die schon einmal gestillt haben, dauert der Stillvorgang etwas kürzer, als bei den Erstgeborenen – so ein Glück!

Beim Füttern des Babys lassen wir es sehr viel Liebe, Zuneigung und Angenommen sein spüren – egal, ob das Baby an der Brust gestillt wird oder mit der Flasche gefüttert wird. (In den ersten Wochen ist dies uns Müttern noch selbstverständlich, wenn man uns lässt. Später lassen manche von uns sich leichter ablenken... durch Telefonate, Gespräche mit anderen, gar Fernsehen... Ich denke, wir sollten uns auch dann wieder bewusst werden, wie viel, abgesehen von der Milch, das kleine Wesen aufnimmt - und wählerisch mit diesen anderen Dingen umgehen. Nicht alles, was mir als Mutter gut tut, tut auch dem Baby gut...).
Diese Zuneigung nimmt das große Geschwister wahr! Es „sieht" förmlich die engen Verbindungsschnüre zwischen Mama und Baby. Seine eigenen Verbindungsschnüre zwischen sich und Mama sind schon gummiartig gedehnter: Es traut sich ja schon viel alleine zu, sein Aktionsradius ist größer geworden, es „weiß" intuitiv, dass Mutters Nähe, Zuneigung und Liebe, die Sicherheit gibt, auch da ist, wenn es die Mutter nicht sieht. Und doch spürt es vielleicht einen schmerzlichen Stich, wenn es nun diese engen Schnüre zwischen Mama und dem kleinen Baby sieht.
Morgens tappt ein älteres Geschwister ins Bett der Eltern („wenn es hell ist draußen, darfst du zu uns ins Bett kommen" lautet vielleicht die Familienregel) – wer ist schon da!?! Natürlich, wieder das Baby! Es wird schon gestillt. „Und dabei hatte ich gedacht, ich kann jetzt mal in Ruhe mit Mama und Papa kuscheln..."

Ein bisschen hilft es noch, von den Eltern zu hören, dass das Große ja ebenso gestillt wurde und viele Nächte im elterlichen Bett verbracht hat - aber eben nur ein bisschen vom Kopf her. Das „Bauchgefühl" spricht je nach Alter, Temperament und Vorerfahrung eine andere Sprache:

„Gemein!", „versteh ich schon, ist aber doch doof", „ich bin nicht mehr wichtig", „Mama hat nur noch das Baby lieb".
Sehr leicht passieren nun aus Kindersicht gefühlsmäßige „Generalzuschreibungen". Nach dem Schwarz-weiß-Prinzip rutscht das Selbstwertgefühl des Kindes, das Gefühl, vollkommen geliebt und angenommen zu sein, von jetzt auf nachher in den Keller. Das Kind glaubt nun vielleicht, überhaupt nicht mehr geliebt zu werden, ganz und gar unwichtig zu sein. Oder (je nachdem, wie die Eltern es mit einbeziehen) es meint, nur noch, wenn es ganz tüchtig hilft und ganz brav ist, einen nahen Platz bei den Eltern zu bekommen. Oder es zeigt seinen Ärger auf ganz praktische Art und Weise...
Das fühlt sich nicht gut an, das spüren wir Eltern selber. Nur, was tun?
Auf „ermutigende" Lösungsansätze komme ich weiter hinten ausführlicher zu sprechen! Es gibt sie! Immer geht es darum, dem großen Kind auf der Gefühlsebene zu vermitteln: „Ich liebe dich!" Gerne wiederhole ich aber auch noch mal die Eingangsworte: „Ein bisschen Eifersucht schadet nicht." Eifersucht ist ein gutes Zeichen! Zeigt es doch, dass es unserem Großen wichtig ist, zu uns zu gehören, dass es seinen Platz in der Familie verteidigen will.

Mama schaut immer nur das Baby so lieb an!
Wir Eltern genießen es, unsere kleinen Babys anzuschauen! Wie niedlich diese zarten Gesichtchen, alles so klein (und später rund), alles so rosig, die stillen Atemzüge, wenn es schläft... Und wenn es wach ist, schaut es uns an.
Nachts, wenn unser Großes dann auch schläft, vergleichen wir die Gesichtszüge: Vor wenigen Wochen schien uns unser großes Kind noch so klein, rundlich und süß. Jetzt, wo ein viel winzigerer „Vergleichs-Erdenbürger" neben dran im Bettchen liegt, erscheint uns dieses ältere Kind gar nicht mehr so klein

und winzig, eher ein bisschen dicklich und plump. Es schneidet beim Kindchenschema-Vergleich nicht mehr so gut ab...
Dies spüren unsere Großen. Nachts. Wenn sie schlafen. Durch ihre Träume hindurch...

Und sie beobachten auch tagsüber, wie wir versonnen unser Neugeborenes betrachten. „Ist es schon etwas gewachsen? Hat es sich schon verändert seit gestern?" denken wir Eltern und übersehen einen Moment lang unser großes Kind. Dieses wächst und verändert sich auch – aber eben meist nicht mehr so schnell sichtbar.
Es ist wie es ist – gut oder schlecht – wir Eltern beobachten unser Neugeborenes und freuen uns an ihm. Die Bindung zwischen Neugeborenem und Eltern wächst dadurch. Das winzige Baby fühlt sich ernst- und angenommen. „Es lernt mich auswendig" sagte einmal eine gute Bekannte, als unser Baby sie mit äußerst aufmerksamem Blick studierte und fixierte. Das stimmt: Die Neugeborenen „lernen uns auswendig", jeden Tag aufs Neue. Dafür nehmen wir Eltern uns Zeit.
Und daneben sitzt das Große, das uns schon gut „auswendig" kennt – und beobachtet. Wir Eltern lassen uns einfangen vom Blick des Frischlings und bemerken nicht die rufenden Gesichter der Großen. Beobachten wir aber von außen, als neutrale Beobachter, eine solche Szene, fällt die enge Bindung zwischen Eltern und Neugeborenem und die *vermeintliche* Abseitsstellung des Großen sofort ins Auge – und sticht ins Herz.
Oft ist es nur eine Geste, die reicht, das große Kind „mit ins Boot" zu holen – und die Sonne erstrahlt auf seinem Gesicht! Das lachende Gesicht der Mutter lässt die Augen des Frischlings los und wendet sich mit genau diesem Strahlen

ihrem großen Kind zu, der Arm umfängt es und drückt es kurz – wunderbar: Mama hat mich genauso lieb, wie das Baby!
Nur daran denken müssen wir Eltern...

Immer dieser Lärm – das Baby weint
Kleine Babys weinen viel und laut. Manche mehr, manche weniger, manche leiser, manche lauter.
Es ist ihre nahezu einzige Art, auf sich aufmerksam zu machen, sich mitzuteilen, ihre Bedürfnisse kundzutun.
Manche Neugeborenen haben die Eigenart, immer zur gleichen Zeit sehr lange zu schreien... oft genau zu der Zeit, zu der das ältere Kind ins Bett gebracht werden will und sein gewöhntes Abendritual mit Umziehen, Zähne putzen und Bilderbuch-vorgelesen-bekommen erwartet.

Versetzten wir uns wieder in unser großes Kind. Da ist das Baby, das weint und schreit. Mutter unterbricht ihre angefangene Tätigkeit, wendet sich dem Baby zu und kümmert sich. Ausgiebig! Lange!
Manchmal nützt die mütterliche Zuwendung und das Baby wird stiller. „Jetzt kann Mama wieder zu mir kommen!" Oder ihrer angefangenen Sache weiter nachgehen.
Manchmal hilft alles Kümmern nichts und das Baby schreit und schreit und schreit... „Ganz schön anstrengend, dieser Krach! Auch für Mama, das sieht man genau. Sie macht dies und jenes mit dem Baby, sie trägt es herum, sie legt es ab, sie nimmt es wieder auf..."

Es gibt Tage oder auch mehrere Wochen, da verbreitet sich eine gewisse Unruhe, Angespanntheit und vielleicht sogar Hektik, weil das kleine Baby so viel weinen muss.
Wir Eltern möchten, dass es unserem Kleinen gut geht!
Wir Eltern möchten, dass es unserem Großen gut geht!

Und spüren ein eventuell immer größer werdendes Unvermögen, beiden kindlichen Bedürfnissen – und unseren eigenen! – gerecht zu werden. Diese Zerrissenheit und Angespanntheit überträgt sich unausgesprochen auf unsere Kinder, die großen wie die kleinen.

Für manche Geschwisterkinder ist es eine richtig körperliche und seelische Anstrengung, wenn das kleine Baby weint. Einerseits tut es ihnen in den Ohren weh und verursacht ihnen Stress. Andererseits tut ihnen das kleine Wesen leid, sie wollen von Herzen, dass es ihm wieder gut geht. Sie sind vielleicht auch (tief drin in ihrer Seele) verwundert und verunsichert, dass Mama und Papa, die doch sonst fast alles können und wissen, diesmal kein Hilfsmittel haben.
Wenn wir sie dazu befragen würden, hätten sie wahrscheinlich keine Antwort darauf! All diese Gedanken geschehen unbewusst.

Je nach Charakter unseres Großen und je nachdem, mit welchen Mitteln es früher „Erfolg" hatte, verhält es sich nun in dieser Zeit des Schreiens: Das eine zieht sich zurück in sein Schneckenhaus und meint wieder einmal (unbewusst!) „kein Platz für mich, ich bin unwichtig, kann ich gleich ganz leise und klein bleiben – mich sieht eh keiner". Das andere probiert es anders: Es redet viel, macht Krach, wirft ein Glas um, schreit und weint auch... und meint (unbewusst!) „wenn ich auffalle, laut bin und Quatsch mache, sehen mich meine Eltern, bin ich wer, spüre ich mich..."
Dazwischen gibt es so viele Schattierungen von verschiedenen Verhaltensmöglichkeiten, wie es Geschwisterkinder gibt. Es „entscheidet" sich unbewusst für eine der vier Ausweichhandlungen („Nahziele" – im Folgenden mehr), um eine Versicherung seiner selbst zu finden.

Und was können wir Eltern tun, damit es allen Beteiligten im Fall der Schrei-Attacken des Säuglings wieder gut geht?
- ♥ Verstehen Sie, dass es für alle im Moment nicht ganz einfach ist und dass zurzeit einfach das Chaos da ist – und akzeptieren Sie dies erst mal so! Nach dem Motto „Fehler akzeptieren und in Frieden ziehen lassen".
- ♥ Am nächsten Tag, wenn es allen einigermaßen gut geht, erklären Sie in gemütlicher Atmosphäre dem Großen, dass das Baby gerade viel weinen muss, warum, weiß keiner so genau. Verständnisvolle Sätze helfen. Sagen Sie:
„Ich kann sehr gut verstehen, dass es ganz schön laut ist für dich. Mir geht es auch so. Am liebsten würde man sich die Ohren zu halten, nicht wahr? Das kannst du gerne machen." Und: „Ich merke auch, dass dir das Baby leid tut, weil man nicht genau weiß, ob ihm etwas weh tut. Weißt du, so kleine Babys können ja noch nicht sagen, was los ist, sie können nur schreien! Wir müssen also raten, was es meint. Vielleicht hast du eine Idee?"
Mit dem Verständnis für die Bedürfnisse des Großen holen Sie es gleichzeitig ins gemeinsame Boot des Sich-Kümmerns. Sie „ermutigen" es.
- ♥ Verständigen Sie sich mit Ihrem Partner, dass Sie „gute Eltern" sind – auch wenn es Ihnen allen im Moment nicht sonderlich gut geht – und legen Sie eine Art „Arbeitsteilung" fest: „ Immer, wenn das Baby diese Schrei- und Weinphasen hat, kümmere ich mich ums Baby, du kümmerst dich um die Großen." (Solche Arbeitsteilungen können auch täglich/stündlich wechseln, Hauptsache, beiden Partnern ist im jeweiligen Moment klar, wer gerade

für wen zuständig ist – und dass für die meisten Familienmitglieder jemand da ist.)
- ♥ Gehen Sie mit den Großen in ein anderes Zimmer (oder mit dem kleinen Schreihals) und erledigen Sie gemeinsam freudig (einfache) Dinge im Haushalt (Spülmaschine ausräumen, fegen, Wäsche zusammenlegen – auch krumm und schief gilt dabei als richtig! - Blumen gießen, ...). Singen Sie dabei, erzählen Sie sich gegenseitig vom Tag, erfinden Sie Witze und sind Sie lustig zusammen. Oder lesen Sie ein Buch vor, lassen Sie sich endlich mal das Deutsch-Heft mit dem schönen Aufsatz zeigen, spielen Sie mit der Holz-Eisenbahn...

Und wenn (gerade) kein Partner da ist? Und sich keine (Leih-) Oma und Opa, Nachbarin, Freundin, Babysitterin oder sonstiger hilfreicher Mensch findet?

Dann geht es auch so. Dann ist es umso wichtiger, dass Sie möglichst ruhig und „in Ihrer Mitte" bleiben.

Möglichkeiten hierfür sind
- ♥ kurz oder länger in den Garten/auf den Balkon/ans Fenster zu gehen, tief zu atmen, den Boden unter sich zu spüren und zur Ruhe zu kommen.
- ♥ aus dem Fenster zu schauen, tief zu atmen, die Luft tief bis ins Innerste einzuatmen und die Kraft/Lebensenergie aufzunehmen.
- ♥ sich ein Foto vom letzten Urlaub/Traumziel/eine Postkarte Ihres Lieblingsmalers/ein „Heiligenbild" oder ähnliches direkt in dem Zimmer aufzuhängen, wo das vermutete Chaos stattfindet. Wenn es dann so weit ist, einfach einen Blick hinwerfen und das beruhigende, schöne Gefühl abzurufen.
- ♥ Oder folgende *Übung*: „Erden" Sie sich mit einem guten Gefühl nach unten in die Erde, stellen Sie sich

- dabei Ihre „Wurzeln" bildhaft vor. „Himmeln" Sie sich nach oben ins Licht. Spüren Sie das verbindende Gefühl – und lassen Sie Ihre Strahlen leuchten nach allen Seiten.
- ♥ Nehmen Sie alles, was Sie an „Techniken" kennen, um „Frau Ihrer selbst" zu bleiben. Jeder Bereich (Sport, Kunst, Handwerk…) ist dafür geeignet – solange es *Ihnen* hilft, einigermaßen ruhig und entspannt zu bleiben.

Wenn man alleine ist, ist es umso wichtiger, mit den Großen die Zeit zu nutzen, in denen das Baby schläft. Zum einen ist hier die Möglichkeit, ihnen alles sachlich zu erklären. Zum anderen ist dies die Zeit, mit ihnen etwas alleine zu machen „so wie früher, als das Baby noch nicht da war."

Und wann ist Zeit für Sie alleine? Wahrscheinlich im Moment nicht… Suchen Sie sich jedoch immer wieder Hilfe, und wenn sie nur von kurzer Zeit ist. Warten Sie nicht, bis Sie zusammenbrechen. Niemandem ist geholfen, wenn Sie die Starke mimen und Sie oder Ihre Kinder später das Nachsehen haben.

Wann geht denn das Baby endlich wieder?
Das ältere Kind ist in Not: Mama sehr beschäftigt, Papa in der Arbeit, Nachbarn und Freunde schauen neugierig in den Kinderwagen und machen „ui, wie niedlich!" – das Familienweltbild des Kindes gerät ins Wanken.
In seiner Not kann das ältere Kind schon mal zu der Überlegung kommen, wann diese Zeit wohl endlich vorbei ist. Der schnellste Weg wäre doch wohl, wenn das Baby wieder dahin zurückgeht, woher es gekommen ist. So lieb sie das kleine Geschwister auch haben!

Bei den meisten älteren Geschwistern bleibt dieses Gefühl nur eine vage Ahnung, ein nicht zu Ende gedachter Gedanke, und Grummeln im Bauch... die wenigsten Kinder äußern diesen Wunsch tatsächlich.
Und doch kann es für das ältere Kind eine Erleichterung sein, wenn die Mama sein verstecktes Gefühl, vielleicht als Frage formuliert, aufgreift und die offizielle Erlaubnis gibt, dass man so was schon mal denken kann. „Nicht wahr, manchmal wäre es leichter, wenn das Baby nicht da wäre, oder? Es ist manchmal sooo anstrengend – und wir haben es gleichzeitig sooo lieb! Und dich auch!"

Hilfreich ist es, wenn Eltern auch Geschwister haben und ihre eigenen Kindheitsgefühle kindgemäß vermitteln.
Sagen Sie:
„Ich kann mich zwar nicht mehr genau erinnern, aber so ein Gefühl habe ich noch, dass ich manchmal ganz schön lange warten musste, bis meine Mama Zeit für mich hatte. Die musste sich doch um meinen kleinen Bruder, den Onkel Jakob, kümmern!"
Ach, Mama/Papa kennen das! Ich habe einen Verbündeten! – was für eine Erleichterung.

6.2 Dann muss ich mir was anderes überlegen...! – Ausweichhandlungen des „entmutigten" älteren Kindes

Wir sehen, manches Kind kommt ganz schön ins Wackeln, sein Selbstwertgefühl wandert in den Keller. Es *fühlt* sich verunsichert, *fühlt* sich möglicherweise der Liebe seiner Eltern nicht mehr sicher, verliert vielleicht den Glauben an sich und seine Fähigkeiten. Das eine Kind mehr, das andere Kind weniger, das eine schneller, das andere erst nach vielen Monaten. In seinem Herzen ist ein Durcheinander. Es nimmt

das „wackelnde Familien-Mobile" der momentan sehr beweglichen und empfindlichen Mobileteilchen mit seinen feinen Antennen ganz besonders wahr.
Als Eltern geht es also darum, diese Not der Kinder zu verstehen, nachzufühlen und anzuerkennen! Und: Einen Weg zu gehen, der es allen Familienmitgliedern, besonders aber den Kindern, für die wir in Liebe verantwortlich sind, erleichtert, einen guten neuen Mobileteilchen-Platz schnell zu finden. Kurz: Es zu „ermutigen".

Mama, mir ist langweilig – Ausweichhandlung[6] „Aufmerksamkeit"
Das Stillen und Füttern eines Säuglings ist eine einmütige, besondere Zeit: ein Geben und Nehmen, eine innige Zweisamkeit...
... und daneben sitzt die große, fast dreijährige Luisa (setzten Sie den Namen Ihres großen Kindes ein!), sieht diese Innigkeit, spürt sie – und *fühlt* sich irgendwie ausgeschlossen. Es ist ein inneres Unbehagen, Unwohlsein, Nicht-ganz-vollkommen-Sein, ein Nicht-dazugehören!
Dieses negative Gefühl im Herzen und in der Seele will wieder zum Guten geändert werden! Da ist doch die Erinnerung an „die guten alten Zeiten", (die noch gar nicht so lange her sind, als nämlich das kleine Geschwister noch nicht da war!), als noch alles „in Ordnung" war. Als Mama noch so viel Zeit, Liebe, Geduld für Luisa hatte. Da fühlte sich die Luisa gut, geborgen, aufgehoben, sicher, in Liebe angenommen. Dieses Gefühl muss wieder her!
Dieses *fühlt* das ältere Geschwister unbewusst. Nur selten denkt es so weit – die Gefühlsebene geht, bzw. sitzt tiefer, ist also „schlimmer" (wenn wir es denn bewerten wollten).

---

[6] Dies sind die sogenannten „Vier Nahziele unangemessenen sozialen Verhaltens von Kindern", die der Individualpsychologe Rudolf Dreikurs als Hilferufe „entmutigter" Kinder erkannt hat.

Da stillt also die Mama in aller Innigkeit das kleine Baby und die Luisa sitzt daneben und spielt mit ihrer Holzeisenbahn. Alleine. Und fühlt sich ungut. Und probiert nun irgendetwas aus, damit das ungute Gefühl weg geht und die altvertraute Geborgenheit wieder herkommt. „Mama, spielst du mit mir Eisenbahn?"
„Ach Luisa, ich bin doch gerade mit dem Baby beschäftigt, spiel mal alleine weiter. Du bist ja schon recht groß!"
Na gut. Mama hat die Luisa gesehen und gelobt.
Zwei Minuten ruhiges Eisenbahnspiel.
„Mama, alleine spielen ist langweilig. Schau mal, die Lok ist kaputt!"
„Echt? Wie ist denn das passiert? Zeig mal."
Luisa zeigt die Eisenbahn der Mutter, die weiter stillt.
Mutter probiert – die Eisenbahn geht.
„Alles in Ordnung. Kannst wieder weiter spielen."
Luisa ist zufrieden, Mama hat sich ihr zugewandt. Der Frieden hält einige Minuten.
„Mama, ich muss aufs Klo. Groß!"
Seufzen der Mutter. „Na dann geh mal. Ruf dann, wenn ich zum Abputzen kommen soll."
„Mama, die Hose geht nicht auf!" Luisa kommt zum Sofa, Mama nestelt mit einer Hand an Luisas Reißverschluss, während sie mit der anderen das Köpfchen des Babys stützt.
Fünf Minuten Stille. Luisa sitzt auf der Toilette und singt vor sich hin. Dann: „Mama, abputzen kommen!"
Eigentlich ist die Stillzeit des Babys noch nicht fertig. Aber Luisa so lange unabgeputzt auf der Toilette sitzen zu lassen geht noch weniger. Also unterbricht Mutter das Stillen, legt das maunzende (je nach Temperament schreiende) Baby ab, putzt Luisa den Popo ab, zieht ihr die Hose ordentlich an, wäscht mit ihr Hände und es vergeht einige Zeit, bis sie wieder zum Baby kommt.

„Einige Zeit", die Luisa alleine mit der Mama hatte! Wunderbar!!
Das reicht Luisa, jetzt kann sie friedlich weiter spielen und Mama stillen lassen.

Nun mag sich die Frage stellen, ob der Drang auf die Toilette von einem Kind unbewusst so gesteuert werden kann, dass er als Mittel zur besonderen Aufmerksamkeit benützt wird.
Ich sage: Ja, das kann er!
Dem Kind ist nicht bewusst, dass es damit uneingeschränkte Aufmerksamkeit bekommt – jedenfalls zunächst nicht. Der Nutzen ist für das große Kind jedoch sehr wohl spürbar. (Mich erinnert diese Art „Aufmerksamkeit bekommen" an diese eigenartigen batteriebetriebenen Puppen, die zu quengeln und quietschen anfangen, wenn sie zu lange nicht bespielt wurden. Sobald man etwas mit ihnen macht, sind sie wieder still, jedenfalls für kurze Zeit.)

Das eigenartige an den großen Geschwistern ist, dass sie sich auch mit der Aufmerksamkeit zufrieden geben, wenn diese nicht so positiv und relativ gelassen ausfällt, wie bei der Mutter von Luisa. Auch wenn Luisas Mama ärgerlich geworden wäre und ein bisschen geschimpft hätte, warum Luisa ausgerechnet jetzt auf die Toilette muss, hätte Luisa daraus einen positiven Gewinn gezogen. Jawohl, einen positiven! Denn sie hätte erreicht, dass die Mutter sich mit ihr befasst, mit ihr beschäftigt.

Ausweichhandlung „Aufmerksamkeit": Immer, wenn Eltern merken, dass das ältere Geschwister die Fäden in der Hand hat, wenn also etwas geschieht (bzw. das ältere Geschwister etwas geschehen lässt), das macht, dass sich die Eltern kurzzeitig vom Baby weg und dem älteren Geschwister zuwenden, und die Eltern dabei ein unangenehmes Gefühl von „Genervt-sein" spüren – fühlte sich das ältere Kind zuvor nicht in seiner Mitte, nicht genug beachtet, nicht genug geliebt. Es hat dann unbewusst das Nötige getan, um sich selbst und die Zuwendung seiner Eltern zu spüren. Dabei ist es ihm egal, ob diese Zuwendung positiv (liebevoll) oder negativ (schimpfen) ist.

Da unsere Kinder keine Batterie haben, die entfernt werden kann, bzw. keinen Aus-Schaltern, machen sie lange weiter! Gott-Sei -Dank! Denn es ist ihr gutes Recht und eine für sie dringend sinnvolle Möglichkeit, auf sich aufmerksam zu machen, um wieder ins Lot zu kommen, um zu spüren „Ich bin willkommen und geliebt!"

Ich will aber! – Ausweichhandlung „Machtkampf"
Manchem Kind reicht es, auf sich aufmerksam zu machen, um zu spüren, dass seine Eltern es noch genauso lieben, wie zuvor, als noch kein niedliches Baby da war, um das sich dauernd gekümmert werden muss. Wir Eltern tun also nichts anderes, als kurze Aufmerksamkeit zu geben, ein bisschen zu nörgeln und als uns gestört fühlen: Sobald wir uns dem kleinen Baby zuwenden, nervt unser großes Kind!

Manchen reicht dieses kurze Aufmerksamkeit geben nicht. Ihre Not ist größer. Anders gesagt: Sie fühlen ihre Not größer! Warum das so ist hat zum einen mit dem individuellen Lebensstil, der individuellen Entscheidungsfreiheit jeden Kindes zu tun. Zum anderen reagieren nicht alle Eltern gleich schnell und verstehen dieses eigenartig geäußerte Verlangen des „großen" Kindes nicht alsbald als Notsignal und Hilferuf!

Bei manchen großen Kindern kann es also zu heftigeren Aktionen kommen: Jetzt scheint das große Geschwister mehr und mehr sich mit uns streiten zu wollen! Und zwar auch bei Dingen, die gar nichts mit dem Baby zu tun haben.

Morgens in der Früh – Papa ist schon in der Arbeit – das Baby endlich gestillt – Abmarsch in den Kindergarten: „Zieh dich jetzt an, ich leg schon das Kleine in den Kinderwagen, wir gehen gleich."
Kurze Zeit später: „Was? Du hockst immer noch in Hausschuhen da? Ich habe gedacht, du bist fertig und wir können jetzt gehen! Zieh dich sofort an!" – „Ich mag gar nicht in den Kindergarten, da ist es doof!" (Natürlich ahnen wir Außenstehende nun schon, dass der Kindergarten nur deshalb „doof" ist, weil das Große sich in dieser Zeit abgeschoben fühlt und nicht mitbekommt, was Mama nun alles „Tolles" mit dem Baby macht!) – „Der Kindergarten ist gar nicht doof. Da ist doch dein Freund! Auf geht`s. Anziehen!" – „Ich kann mir gar nicht alleine die Schuhe anziehen." – „So ein Quatsch! Mach schon!" – Pause – „Wenn du dich jetzt nicht anziehst, ist die Türe vom Kindergarten zu und wir müssen klingeln!" (Auch deshalb ist die Türe von „meinem" Telos®-Kinderhaus fast immer offen...) – „Ist doch egal..." – „Du-u – ich werde gleich ärgerlich!"....
So geht es weiter, natürlich *ist* Mutter schon lange ärgerlich. Natürlich hat das große Kind die Lage in der Hand, natürlich kann es die Mutter so lange zappeln lassen, bis sie explodiert und dem Streit mit einem Machtwort ein Ende setzt oder bis – ja, bis sie endlich merkt, dass ihr Kind es genießt, dass Mama sich voll und ganz auf es einlässt. Bis sie merkt, dass es ihrem Kind ein gutes Gefühl gibt, sich mit ihr zu streiten, weil sie sich ihm *gänzlich* zuwendet, weil sie *viel Emotionalität* einsetzt, weil es ihren ganzen Ärger abbekommt.

Ausweichhandlung „Machtkampf": Immer, wenn Eltern merken, dass sie mit ihrem großen Kind streiten und kämpfen und die Eltern gar keinen Weg mehr hinaus finden, außer mit Maßnahmen kraft ihrer Autorität als Eltern (strafen, laut werden, Kind fest halten/zerren zu dem, was es tun soll, ...) und dabei viel negatives Gefühl spüren, können sie sicher sein, dass ihr großes Kind sich zuvor nicht gut *fühlte*! Dass es meint, dass es ihm den Boden unter den Füssen weggezogen hat. Dass es *glaubt*, dass es nicht mehr genug geliebt wird von seinen Eltern. Dass es das Gefühl hat, dass sich alles nur noch ums Baby dreht und es selber und seine Angelegenheiten, Wünsche, Planungen und Ziele nicht mehr wichtig sind. Es hat dann unbewusst das Nötige getan, um - wenigstens negatives – Gefühl von seinen Eltern zu spüren, sich zu spüren, seine Macht zu spüren! Es erfährt, dass es etwas bewirken kann – und das ist wenigstens etwas... wenn auch nicht das, was es eigentlich wollte: Das Gefühl der vollkommenen liebevollen, annehmenden Zuwendung und Sicherheit von seinen Eltern!

Ich war das ja gar nicht – Ausweichhandlung „Rache"
Hören und verstehen wir Eltern nun, was die Sprache des älteren Kindes spricht – „hilf mir, ich fühl mich nicht genug beachtet, geliebt, sicher, zufrieden, wohl in meiner Haut, ..." – und fangen an, ihm positive Anerkennung zu geben und sein anstrengendes Verhalten (in dieser Zeit der „Entmutigung") zu übersehen, es also zu „ermutigen", werden die Hilferufe nach und nach leiser und schwächer, da sich das Kind „besser" fühlt.

Manchmal (zeitweise) jedoch meint das Kind möglicherweise zu noch drastischeren Mitteln greifen zu müssen, um verstanden zu werden: „Das Wichtigste, was die Eltern im Moment haben, ist das kleine Baby" meint das ältere

Geschwister. „Es ist auch noch sehr empfindlich und weint leicht..."

Meist fängt das Große mit einem kleinen (meist unbewussten!) Versuch an, den ich hier einmal zur „Ansicht" in Worte fasse: „Wenn ich dem kleinen Baby die Hand drücke und nach und nach fester drücke, fängt es doch tatsächlich irgendwann zu weinen an! Und das Tolle dabei ist, dass dann alle Erwachsenen plötzlich da sind, nach dem Rechten sehen, sich um das weinenden Baby kümmern und es trösten, mich schimpfen, dass ich so feste gedrückt habe, mich vielleicht sogar in mein Zimmer schicken zur Strafe. Donnerwetter – was habe ich für eine tolle Inszenierung auf den Plan gerufen! Was kann ich bewirken!"

Dass der Moment danach (die „Strafe") sich nicht sonderlich gut anfühlt, ist nicht von großer Bedeutung. Was zählt ist der Riesenauflauf, den das große Geschwister bewirkt hat – auf Kosten des Babys!! Was zählt, ist die Rache!

Diesen Hilferuf wenden nur etwas ältere „große Geschwister", ca. ab 2,5 Jahre und älter, an – ab der Zeit, da sie verstehen, dass sie mit ihrem Tun dem kleinen Baby wehtun.

Jüngere Kinder haben diesen Transfer noch nicht geleistet. Das Ziehen an den Haaren des Babys ist lustig, weil das Baby dann etwas macht – so wie die Aufzieh-Spieluhr: Wenn man am Faden unten zieht, geht die Musik an. Sehr einfach können Sie feststellen, ob Ihr Kind verstanden hat, was wirklich passiert, wenn es dem Baby weh tut. Wenn Sie in absolut entspannter, sachlicher Atmosphäre (am besten *nicht*, nachdem es dem kleinen Baby wehgetan hat! Besser ein paar Stunden später.) auf Augenhöhe mit Ihrem jungen älteren Kind sprechen und es fragen „soll ich dich mal an den Haaren ziehen/ deine Hand so fest drücken, wie du eben beim Baby gemacht hast?" Wenn das Kind ganz unschuldig

mit „ja" antwortet, können Sie sicher sein, dass es sein Tun noch nicht in seiner Gänze versteht.
So können Sie sagen:
„Ich zieh dir auch mal ganz vorsichtig an den Haaren/drück dir die Hand – aber nur ganz vorsichtig. Und du sagst gleich, wann es zu feste wird! Das tut nämlich gescheit weh!"
Bedenken Sie dann bei diesem Versuch die „lange Leitung" eines jungen Kindes. Es braucht in der Tat einige Sekunden, bis die Schmerzempfindung durch ein „aua!" zum Ausdruck gebracht werden kann! Und Sie wollen Ihrem Kind ja nicht wehtun, sondern ihm eine neue Erkenntnis ermöglichen!

Wer vom Verständnis her das Alter erreicht hat, die Folgen seines Tuns einigermaßen zu überschauen, ist in der Lage, „Rache" anzuwenden, um Aufmerksamkeit zu erhalten.

Ein Racheakt, der das Baby zum Opfer hat, ist besonders wirkungsvoll. Zusätzlich gibt es noch viele weitere Möglichkeiten, „weh" zu tun: Ganz aus Versehen Mamas schönste Kaffeetasse fallen lassen, sodass sie kaputt ist. – Tapeten von der Wand zupfen. – Toilettenpapier in das WC-Becken stopfen, sodass es eine Überschwemmung im Bad gibt. – Im Kindergarten Bauklötzetürme anderer Kinder umschubsen, sodass die Erzieherinnen uns Eltern fassungslos ob des Charakterwandels unseres Kindes ansprechen....

Ausweichhandlung „Rache": Immer, wenn Eltern eine unglaublich große Wut auf ihr Kind verspüren, wenn sie es am liebsten wegsperren, schlimm bestrafen, vielleicht sogar körperlich strafen und ähnliches tun würden, können sie sicher sein, dass ihr großes Kind sich äußerst *unwohl fühlt* und sehr laut um Hilfe ruft! Sie können sicher sein, dass das Kind etliche Möglichkeiten vorher (ungehört und unverstanden von Seiten der Eltern) probiert hat, um das vertraute

Gefühl von Sicherheit und bedingungsloser Liebe wieder zu spüren. Dass es dann bei allen Dingen, die mit „Rache" zu tun haben, spürt, dass die Eltern es noch wahrnehmen. „Lieber geschimpft und bestraft werden, als vielleicht gar nicht mehr gesehen zu werden... Wenn meine Eltern mich maßregeln, kann ich sicher sein, dass sie mich nicht vergessen haben."

Immer nur das Baby... - Ausweichhandlung „Rückzug"
Geschwisterkinder beobachten, erspüren, tasten mit all ihren Sinnen das Geschehen in der Familie ab, stellen Zusammenhänge her und interpretieren. Manchmal falsch!

Manche Kinder fühlen sich nach einiger Zeit mit kleinem Geschwister sehr alleine und einsam. Sie haben das Gefühl nicht gebraucht zu werden und ständig zu stören.
Das ältere Geschwister sucht Sicherheit und Geborgenheit und *meint* (!), dies nicht von seinen Eltern zu bekommen. Es braucht aber einen sicheren Ort – den findet es letztendlich nur noch in sich selber. Diese älteren Geschwister ziehen sich in sich selbst zurück wie eine Schnecke in ihr Schneckenhaus, wenn sie schon die Schritte des Menschen auf der Erde spürt.
Das kleine Menschlein, das vor kurzem älteres Geschwister wurde, tut das einzig ihm mögliche, um zu Schutz und Geborgenheit zu kommen: Es spielt mit sich selber, hängt seinen Gedanken nach, zieht sich in sein Zimmer zurück. Oder: Es hört auf zu reden, wird lustlos und desinteressiert.

Ausweichhandlung „Rückzug": Immer, wenn Eltern nach einiger Zeit das Gefühl haben, dass ihr Kind (das einige Tage lang irgendwie so mitlief und ganz unauffällig war) ganz einsam ist, dass es sich nichts zutraut, schlapp, müde und unausgeglichen ist; wenn es sich vom kleinen Baby zurückzieht, in Ruhe gelassen werden will und manchmal sogar nicht mehr seinem Alter entsprechend handelt (z.B. „verlernt" hat, die Schuhe alleine anzuziehen) - jedoch ohne das Erspüren von Aufmerksamkeit, Machtkampf oder gar Rache - können die Eltern sicher sein, dass es mit allen ihm zur Verfügung stehenden Mitteln versucht, die Fäden am „Mobile Familie" fest zu knoten, damit es nicht abstürzt: Es konzentriert sich auf die ihm einzig mögliche, im Moment zugängliche Mitte (sich selber) ohne viel ausladende Bewegung und Aktion, um sämtliche Gefahrmöglichkeiten, vom Mobile abzustürzen, weitestgehend auszuschalten. Es ruft fast nicht mehr um Hilfe – es geht ihm nur noch ums Überleben.

7 Wie Eltern helfen können – „Ermutigung" für notleidende Geschwister

Was wir als Eltern in diesen anstrengenden Zeiten merken, ist, dass unser großes Kind – zu allem Überfluss – jetzt auch noch stört, nicht folgt, sich mit uns Eltern streitet, uns oder dem Baby weh tut, oder gefährlich unauffällig wird. Zu allem Überfluss: Denn da ist ja das kleine Baby, das unsere eigentliche besondere Aufmerksamkeit und Zuwendung braucht.
Und genau die braucht unser „Großes" auch. Denn, auch wenn es nicht so aussieht, ist der einzige Zweck seines störenden, anstrengenden Verhaltens der: Uns zu zeigen, dass es in „Not" ist. Dass es unsere Hilfe braucht.

Das Kind möchte wieder erleben, fühlen und im Herzen wissen, dass wir es lieben! Es möchte einen sicheren Platz am Mobile haben. Natürlich ist es bereit, dem kleinen Geschwister Platz zu machen, etwas zur Seite zu rücken, damit dieses ebenfalls seinen Faden am Mobile befestigen kann. Davon können wir Eltern getrost ausgehen. „Aber allzu breit sollte sich das kleine Geschwister nicht machen! Schließlich war ich zuerst da!" denkt das große.

Tatsachen, die ohne Sprache, sondern auf der gefühlsmäßigen Ebene vermittelt werden, zählen für Kinder sehr stark. Es ist egal, was die Eltern sagen: Wenn ich, Kind, fühle, dass die Aufmerksamkeit immer auf das kleine Baby gerichtet ist, glaube ich meinen Eltern nicht, wenn sie sagen: „Wir haben dich sehr lieb!"
Die Antennen der Kinder sind sehr fein – so sehr verstellen können wir Eltern uns gar nicht, dass unsere Kinder das, was hinter unseren Worten steht, nicht unbewusst entschlüsseln.

Selbstverständlich meinen wir Eltern „ich habe dich lieb" wenn wir es sagen! Unsere innere Wachsamkeit auf das, was unser Neugeborenes jetzt tut, ob es noch atmet, ob es eventuell aus dem Bett fällt, ob es gleich aufwacht und Hunger hat... wird auf der gefühlsmäßigen Ebene vom großen Geschwister jedoch viel stärker wahrgenommen. Das Gefühl überdeckt die Worte, Gefühl zählt mehr für das Kind.
Vermitteln wir unserem Kind also auf alle Fälle auf der *gefühlsmäßigen Ebene*, dass wir es lieb haben!

Ebenso wichtig ist es, im *gemeinsamen Tun* dem großen Kind zu zeigen, dass wir bemerken, wie groß es schon ist und es ganz bewusst mit einbeziehen in den Alltag. So gelingt es uns, dem Kind auf der bewussten und unbewussten Ebene zu helfen, einen guten Platz am Mobile zu finden und den Knoten ganz fest und sicher zu knüpfen.

Eine unverrückbare Tatsache ist: Wir lieben unsere Kinder – die kleinen wie die großen!

Es gibt Zeiten, da erleben wir die Kinder so anstrengend, dass wir glauben, wir lieben sie nicht mehr. Nun wissen wir aber mittlerweile, dass ihr „anstrengendes Tun" ein Notruf ist. Vertrauen wir einfach darauf, dass die gegenseitige Liebe (Eltern zu Kind und umgekehrt) da ist! Irgendwo ist sie. Lassen wir uns als Eltern Zeit, die Liebe wieder aus ihrem Versteckt hervorkommen zu lassen. Ohne uns selber Druck zu machen, geht es am besten... Nur: Da wir schließlich die Eltern sind, sollten wir dem Kind schon ein bisschen Vorschuss-Liebe geben. Zunächst können wir ja nur mal so tun, als ob wir das Kind lieb haben... falls es uns momentan ganz schwer fallen sollte....Plötzlich wagt sich dann die Liebe des Kindes zu uns Eltern wieder hervor, wird sichtbar in kleinen Gesten, einem Lächeln vom Kind, einem vorsichtigen Blick direkt in die Augen, einem kurzen Hupfer auf Mamas Schoß...

Tatsache ist: Wir lieben unsere Kinder!
Je nach Alter unserer Kinder gehen wir anders mit ihnen um, drücken unsere Liebe und Zuneigung zu ihnen anders aus.
Kinder wollen das! Kinder wollen lernen und selbständig werden. Junge Kinder, die gerade mit Sprechen anfangen, lernen schnell das tolle Wort „selber!" oder „leine" (alleine), wenn es zum Beispiel darum geht, sich die Schuhe anzuziehen. Der Wunsch, die persönlichen Dinge selber zu erledigen, zieht sich durch das ganze Kinder- und Jugendleben (selbständige Fahrten zu Nachmittagsangeboten, die Zeit zum ins-Bett-Gehen selber mitbestimmen, Taschengeld für persönliches,...).
So, wie sie mit zunehmendem Alter immer selbständiger werden, wollen sie auch anders angesprochen werden und anders liebkost werden. Plötzlich mögen sie keinen Gute-Nacht-Kuss mehr, mögen nicht mehr umarmt werden. Das ist so, wie es ist!

Die Geburt eines neuen Geschwisters bringt jedoch plötzlich wieder eine Vergleichsmöglichkeit – eine Erinnerung an frühere Tage. „So, wie Mama nun mit dem kleinen Baby kuschelt, schaut es schon sehr lieb aus. Das will ich auch! Oder doch nicht??"

Diese zwei Wünsche in einem Kinderherzen wollen befriedigt werden: Kuschelige Zuneigung (wie beim Baby) und immer größer werdende Selbständigkeit.
Sobald wir Eltern dies erkannt haben, bieten sich uns ungeahnte Möglichkeiten in den beiden Bereichen Gefühl und Handeln.

Not erkennen – Spiegel sein
Es gibt ein sehr einfaches Mittel, um zu erkennen, um welche Art von „Not" es sich bei unserem Kind handelt: Unser eigener Lebensstil. Wir haben uns in unserer Kindheit bei der Entwicklung unseres Lebensstils „wunde Punkte" zugelegt. In diesen waren und sind wir verletzbar in bestimmten Situationen, die wir als Kind als „gefährlich" einstuften. Unsere eigenen Kinder erspüren mit ihren feinfühligen Antennen sehr schnell unsere „wunden Punkte". Diese nehmen sie, um auf ihre eigene Not aufmerksam zu machen – denn nur in diesen Bereichen sind wir empfindlich, „hören" wir.
Erkennen wir unsere eigenen „wunden Punkte" als Gradmesser für die kindliche Entmutigung: Je mehr angegriffen und verletzt wir uns fühlen, desto größer ist die Not unseres eigenen Kindes.
Stellen wir uns als Spiegel vor: In unserem eigenen Gefühl spiegelt sich die Gefühlslage unseres Kindes wider[7].

---

[7] Mehr dazu in meinem Buch: WUNDER-Punkt.

Wenn der Sturmwind weht: Dem Wind entgegen gehen
„Kinder machen viel Wind, aber du musst dein Segel nicht hinein hängen."[8] In der Tat können wir uns das ersparen und gehen somit unnötigen Kämpfen und Streitereien aus dem Weg.
Was wir tun sollten: Ganz bewusst der Richtung, aus der der Sturmwind bläst, entgegen gehen, vielmehr entgegen „spüren". Dann erkennen wir, was der Grund für den Sturm, der das Mobile Familie zum wackeln bringt, ist. Wir entdecken zum einen die sichtbare Verunsicherung (Veränderung) in der Familie – in unserem Fall die Geburt eines Geschwisters. Wir sehen auch ein Kind, das sehr aktiv mit seinen Windmühlenflügeln rudert, auf sich aufmerksam macht, mit uns streitet, uns weh tut, oder erlahmt auf jeglichen Sturm verzichtet. Vielleicht erkennen wir sogar zwei oder mehr ältere Geschwister, die vereint im Leid gemeinsam einen Gewittersturm provozieren.

Lassen wir uns nicht wegwehen! Ziehen wir uns warm an, setzen die Schutzausrüstung an – und erkennen wir den Grund des Sturmes. Dann können wir aktiv und bewusst eingreifen – und die Not lindern.

Not wenden – den Knoten sichern
Jedes Kind empfindet „Sicherheit" etwas anders, entsprechend seiner Meinung, die es sich unbewusst bildet, entsprechend seiner Sicht auf die Welt. Allen entmutigten Kindern hilft jedoch, wenn es uns gelingt, die „Entmutigung" zu beenden.
Ausgangspunkt für die „Entmutigung" ist die Geburt des Geschwisterchens. Nun – unseren Säugling können und wollen wir nicht weggeben. Familien, deren Säugling

---

[8] Rudolf Dreikurs

unerwartet stirbt, sind oft tief entmutigt. Zum Leid und der Trauer kommt manchmal noch die große Aufgabe hinzu, dem älteren Geschwister zu vermitteln, dass nicht es selbst „Schuld" ist am Tod des Geschwisters...

Die „Entmutigung" beenden können wir jedoch, indem wir wieder feststellen, was unser großes Kind *persönlich* als „Entmutigung" empfindet: Ist es die Tatsache, dass es meint, dass wir zu wenig Zeit für unser Großes haben? Oder glaubt es, dass wir ihm zu wenig Liebe geben? Oder fühlt es zu wenig Verlässlichkeit und Zuverlässigkeit? Oder...?

Wenn wir dies herausgefunden haben, geben wir unserem Kind das, was es an an „Ermutigung" braucht. Wir binden sozusagen den Mobile-Knoten wieder fest.

8 Aus der Ermutigungs-Kiste – Hilfen für Eltern und Kinder

Jedes Kind ist eine Persönlichkeit, jedes Familienmitglied hat seinen individuellen Lebensstil – keine Familie gleicht der anderen. Insofern kann jede „Ermutigung" nur als Anregung gedacht sein: Denn, ob sie dann tatsächlich als „Ermutigung" ankommt oder nicht, entscheidet unbewusst jedes Kind selber.

Mut für Eltern

Sie als Eltern sind der Faktor für Stabilität und Sicherheit in der Familie. Achten Sie deshalb auf Ihre eigene Befindlichkeit. Pflegen Sie sich!

Setzen Sie sich immer wieder hin und überlegen Sie sich Ihre guten Eigenschaften und Qualitäten und das, was Ihnen gut tut und Sicherheit gibt – dies gibt Ihnen ein Gefühl des Angenommen seins, der Liebe, der Ruhe und des Friedens. Auch, wenn es für Sie ungewohnt ist, sich Gutes

zuzusprechen: tun Sie es trotzdem! Mit Hilfe dieses Grundpolsters sind Sie besser gewappnet, kindliche Streitereien abzufangen und ermutigend darauf zu reagieren. Sagen Sie zum Beispiel (oder schreiben es auf):
- ♥ „Ich mag meine blauen Augen."
- ♥ „Ich bin froh, dass ich heute mein Kind in Gelassenheit aus dem Kindergarten abgeholt habe."
- ♥ „Ich bin dankbar, dass wir eine schöne Wohnung haben."
- ♥ „Ich bin eine geduldige Mutter!" (Schreiben Sie dies auch auf, wenn es nicht zu 100 Prozent stimmt, wenn Sie noch Lernende sind! Ihr Zielsatz zieht Sie automatisch in die gewünschte Richtung. Und 100 % müssen wir nicht erfüllen. Als Mutter von mehreren Kindern auch nicht 90% ☺.)
- ♥ „Heute habe ich mir Zeit genommen für meine Sportstunde – das habe ich toll gemacht!"

Steine aus dem Weg räumen
Wäre unser Kind ein kleiner Baum-Sprössling, der nach oben wachsen will, und wir ein Förster: Wir würden den Stein der „Entmutigung", der auf ihn gefallen ist, entfernen. Tun wir so mit unserem Kind!

Ausweichmanöver übersehen
Dazu hilft es, sein anstrengendes, störendes, nerviges, gemeines Verhalten für eine gewisse Zeit lang zu übersehen. Haben Sie keine Sorge, dass Sie dadurch die Zügel aus der Hand verlieren. Was Ihr Kind mit seinem Ausweichmanöver bezweckt, ist „bloße Zuwendung und absolute Liebe". Bloße Zuwendung soll es bekommen – aber nicht über den Bereich der Ausweichmanöver.

Wenn es extrem auf sich aufmerksam macht – übersehen Sie sein diesbezügliches Verhalten.[9]

Wenn es Sie in Machtkämpfe verwickelt – steigen Sie aus dem Machtkampf aus.

Wenn es beißt, haut, kratzt, zwickt, wenn es Dinge kaputt macht, wenn es sich rächt – atmen Sie tief ein und aus: Unterbinden Sie dieses Verhalten nahezu wortlos. Nehmen Sie behutsam aber eindeutig seine Hände vom Baby weg. Sagen Sie ruhig aber bestimmt: „Nein!" Führen Sie das Kind vom Baby weg. Wenn das ältere Geschwister sehr jung ist: Lenken Sie es ab[10]. Der Schutz des kleinen Babys hat Vorrang! Schalten Sie möglichst sofort wieder um auf Ihre Liebe zum großen Kind – atmen Sie bewusst das Adrenalin aus Ihrem Blut.

Wenn es sich in sein Schneckenhaus verkriecht – wenden Sie sich Ihrem Kind bewusst zu.

Vertrauen in die Entfaltungsmöglichkeiten des Lebens

Üben Sie Vertrauen haben. Denken Sie positiv – auch wenn Sie es als Kind anders gehört haben und Sie von Negativität umgeben sein sollten. Nehmen Sie sich bewusst vor, das Gute und Schöne im Leben zu sehen und zu spüren. Dadurch schaffen Sie ein Vertrauenspolster, das Sie unausgesprochen auf Ihre Kinder weitergeben.

„Mit dem Herzen des Kindes fühlen"

Übung: Atmen Sie ruhig ein und aus. Spüren Sie Ihre Füße am Boden und Ihre „Wurzeln" bis in die Erde. Fühlen Sie

---

[9] Ob zum Beispiel Luisas Mama den Popo abputzt oder nicht, hängt davon ab, wie lange der Stillvorgang des Babys noch dauert. Auf alle Fälle sollte sie in dieser Situation so wenig Kommentar und „Gefühl" geben, wie möglich.

[10] Sehr ausführlich beschreibe ich diesbezügliche „ermutigende" Hilfsmittel in „Die Trotzphase gibt es nicht!"

einen „Marionettenfaden" am höchsten Punkt Ihres Kopfes, der Sie in Leichtigkeit nach oben hält und mit dem „Himmel" verbindet. Dehnen Sie Ihr Bewusstsein wie eine harmonische Blase um sich herum mehr und mehr aus. Vielleicht hilft Ihnen die Vorstellung einer farbigen Wolke um sich herum. Öffnen Sie in Ihrer Vorstellungskraft in Ihrem Herzen bildhaft eine kleine Türe und nehmen wertfrei wahr, welche Schwingungen und Stimmungen Sie von Ihrem Kind auffangen. Beurteilen und verurteilen Sie *nicht*! Nehmen Sie einfach wahr. Die Erkenntnis, die Botschaft entschlüsselt sich Ihnen in der Ruhe, in einer Art meditativer Offenheit. Möglicherweise nehmen Sie das Empfinden Ihres Kindes in einem Symbol oder einem Bild auf. Falls sich nicht sofort ein intuitives Wissen einstellt, warten Sie ab – geben Sie sich Zeit, möglicherweise kommt eine „Botschaft", ein Verständnis genau in dem Moment, wo Sie es nicht erwarten.

Ermutigungsbrille
Nehmen Sie sich bewusst vor, die Dinge, die Ihnen wiederfahren, positiv wahrzunehmen! Stellen Sie sich vor, Sie setzen eine gefärbte Brille auf (auf Jahrmärkten gibt es lustige Brillen, die jede Lichtquelle in die Farben des Regenbogens bricht... alles leuchtet in Regenbogenfarben!). Mit Hilfe dieser aktiven Gedankengestaltung geben Sie der Wahrnehmung all dessen, was Sie erleben, eine positive Bedeutung. Vielleicht wirkt manches gekünstelt, jedoch bringen Sie sich damit in eine „Ermutigungsspirale", die eine enorme Kraft für positive Entwicklung birgt.
- ♥ „Es regnet. Wie schön die Regentropfen auf den Zweigen glitzern!"
- ♥ „Die Kinder streiten schon wieder! Sie lernen gut, sich mit anderen Meinungen auseinanderzusetzen, sachlich zu debattieren, gute Lösungen zu finden."

- „Schon wieder liegen alle Jacken in der Garderobe wild durcheinander! Ich habe die Möglichkeit, meine Kinder sachlich um Hilfe zu bitten."

Einen Moment bitte!
Warten Sie einen Moment in positiver Grundhaltung, wenn Sie das Tun Ihres Kindes beobachten - es könnte sich als positiver Beitrag herausstellen! Nehmen Sie an, dass Ihr Kind helfen und sich nützlich erweisen will oder etwas Sinnvolles tun will.
- Sie beobachten, dass das ca. 4 jährige Kind zu den „gefährlichen" Reinigungsmitteln geht – könnte es sein, dass es das Auto waschen will, wovon Papa gestern gesprochen hat?
- Sie beobachten, dass das ca. 3 jährige Kind die Zudecke seines kleinen Säugling-Geschwisters abnimmt – könnte es sein, dass es schnuppern will, ob die Windel voll ist?

Der sichere Rahmen
Sie als Eltern entscheiden, wo es lang geht! Sie als Eltern einigen sich vor Diskussionen mit den Kindern auf Grund-Regeln und Grund-Grenzen, die Ihnen als Vater und Mutter wichtig sind.
Dabei beachten Sie das wachsende Bedürfnis nach Selbstbestimmung je nach Alter und wachsender Fähigkeiten Ihrer Kinder. Den Rahmen stecken Sie automatisch weiter – zu jedem Geburtstag – bei jedem Entwicklungsschritt Ihres Kindes – in den gemeinsamen Familienbesprechungen.
Ihre Regeln sind sachbezogen (und nicht etwa von Zeit zu Zeit variabel und enger/strenger, je nachdem, ob Sie vielleicht gerade auf Ihr Kind ärgerlich sind...). So können Ihre Kinder die Regeln verstehen und akzeptieren.

Wahlmöglichkeiten
Sie als Eltern geben den Rahmen vor – innerhalb des Rahmens geben Sie dem Kind Wahlmöglichkeiten. Dies ist ein hervorragendes Mittel, sich aus einem Machtkampf herauszuhalten.
Je nach Alter des Kindes geben Sie ganz kleine Wahlmöglichkeiten (zwei!) Mit wachsendem Alter des Kindes werden die Wahlmöglichkeiten komplexer, differenzierter und es gibt mehrere zur Auswahl. Diskussionen werden im Ansatz erstickt, Sie bleiben auf der „Sachebene".
Manche Kinder sind sehr spitzfindig und nehmen dann eine dritte Wahl, die Sie gar nicht zur Wahl gestellt hatten: Entweder, das ist für Sie in Ordnung und Sie gehen nur ganz kurz sachlich darauf ein. Oder Sie beharren ruhig und sachbezogen, in wenigen Worten (!) auf Ihren beiden Möglichkeiten.

- ♥ „Möchtest Du die gelbe oder die grüne Hose anziehen?"
- ♥ „Räumst du deine Spielzeugeisenbahn gleich jetzt vor dem Abendessen auf, oder kurz vor dem Zähneputzen?"
- ♥ Wenn sich das junge Kind weigert, ins Auto zu steigen: „Gehst du mit dem linken oder rechten Fuß zuerst ins Auto?" oder: „Magst du mit offenen Augen oder geschlossenen Augen einsteigen?" oder: „Schnallst du dich heute selber an oder mache ich das?"

…und viele andere Möglichkeiten mehr…
Wahlmöglichkeiten können sehr lustig werden, wenn Sie nicht aufgeben und eine Handlung immer weiter ausdifferenzieren, solange Ihr Kind zur Mitarbeit nicht bereit ist. Seien Sie erfinderisch und nutzen Sie die Möglichkeiten der Minute!

Gelebte Gleichwertigkeit – Familienrat und andere Besprechungen

Leben Sie Gleichwertigkeit, indem Sie Ihre Kinder mit einbeziehen in den Alltag. Dafür gibt es kein „zu früh". Gehen Sie einfach davon aus, dass Ihr sehr junges Kind alle Fähigkeiten im Keim in sich trägt. Je mehr Sie eine bestimmte Fähigkeit bei Ihrem Kind als Gegeben voraussetzen, desto mehr wird sie sichtbar.

- ♥ Erzählen Sie Ihren Kindern kindgemäß von kommenden Veränderungen (Geschwistergeburt, Papa auf Dienstreise, Oma krank im Krankenhaus, Urlaubsreise in zwei Wochen, ...) und zeigen Sie es den Kindern möglichst mit Hilfe vieler Symbole und Bilder (Kalender, Landkarte, Postkarten/Fotos/Bilder im Internet, ...)
- ♥ Entscheiden Sie gemeinsam, was gemeinsam entschieden gehört: im geplanten Familienrat, beim gemeinsamen Abendessen, bei spontanen Gelegenheiten. Schreiben Sie die Ergebnisse in einem extra Buch auf – dies erleichtert das spätere Erinnern!
- ♥ Mischen Sie sich in Angelegenheiten Ihrer Kinder nicht ein, wenn so die Familienregeln lauten: Wenn es Ihre Regel ist, dass jedes Kind für sein Zimmer selber zuständig ist, braucht es Sie nicht zu kümmern, wie es dort ausschaut.

Positiv sprechen und denken

Vermeiden Sie, Dinge negativ zu formulieren. Für Kinder ist es ein schwieriger Vorgang, das Wort „nicht" zu übersetzen.

Sie kennen bestimmt folgendes kleine Gedankenspiel: „Denken Sie jetzt nicht an ihre Küche!!" Natürlich sehen Sie sofort Ihre Küche vor Ihrem inneren Auge. Kindern geht es genauso. „Schneide dich nicht in den Finger!", „Fall nicht

runter!", „Lass deine Sachen nicht herumliegen!" sind Formulierungen, die oft das Gegenteil bewirken.
Formulieren Sie positiv – und denken Sie auch so. Dies zieht automatisch mehr und mehr das Positive in Ihr Leben.
Sagen Sie so:
„Halte die Schere so ans Papier, weg von deinem Finger!"
„Halte dich an dieser Stange gut fest!" und denken Sie: „Mein Kind will gesund bleiben, das weiß ich ganz sicher!"
„Räume deine Sachen in diese Schublade!"

Schönes tun und Feste feiern
Machen Sie etwas Schönes mit Ihren Kindern! Genießen Sie das Zusammensein mit Ihnen. Feiern Sie das Leben!
In zehn Jahren ist es Ihnen egal, ob die Wohnung ordentlich war, als Ihre Kinder jung waren. In guter Erinnerung bleiben die schönen Stunden!
So können Sie das gemeinsame Aufräumen zu einem kleinen „Fest" oder einem lustigen Spiel machen und anschließend eine Tasse Kakao bei Kerzenschein und schöner CD-Musik genießen.

Die „besondere Zeit"
Geben Sie Ihrem Kind, was es will: Besondere Aufmerksamkeit! Geschwisterkinder lieben es, etwas mit Mama oder Papa in der „besonderen Zeit" alleine zu tun: Ein Bilderbuch anzuschauen, Eisenbahn spielen, spazieren gehen und am See die Enten füttern, mit der Straßenbahn eine Station einfach so aus Spaß zu fahren, … Es muss „nichts besonderes" sein! Natürlich ist der Besuch im Museum oder Zoo eine tolle Sache und macht Kindern große Freude. Das wichtige in diesem Fall ist jedoch, das Kind spüren zu lassen, dass *es* im Moment das Wichtigste ist: Als Eltern lasse ich mich ganz auf das Kind ein, spüre in es hinein, atme mit ihm in seinem Tempo und erspüre, wie es ihm geht, wie es sich

fühlt. Das Kind kann in Ruhe in der Zweierbeziehung „Mutter/Vater – Kind" ankommen, Mutter/Vater ohne Gedanken an das Baby erleben, sich selber in seiner Mitte spüren. Wir legen den Telefonhörer zur Seite/stecken den Stecker aus, hängen ein Schild an die Türe „sind gerade nicht zu sprechen", oder gehen einfach nicht an die Haustüre, wenn es klingelt – wir sind einfach nur für dieses eine Kind da.
Manchmal ergeben sich solche „besonderen Zeiten" von selber. Manchmal ist das Kind jedoch so „entmutigt" und in Not, dass es ihm gut tut, wenn Sie sich ihm noch intensiver widmen:

- ♥ Vereinbaren Sie dann mit Ihrem Partner einen Termin für das Kind, der im Kalender und im Familienkalender vermerkt wird/den das Kind im Familienkalender kennzeichnet. Alles, was im Kalender steht, ist wichtig! Termine, die im Kalender stehen, können nicht grundlos ausfallen. Am Kalender wird sichtbar, wie viele Tage und Nächte noch vergehen, bis der Termin da ist.
- ♥ Achten Sie darauf, dass Ihr Baby durch einen lieben Menschen vollkommen sicher versorgt ist. Seine Schlafenszeit reicht nicht aus! Wir Mütter (und auch Väter) sind einfach zu sehr mit dem Säugling verbunden, hören (ganz unauffällig – natürlich!) auf jedes kleinste Geräusch im Haus um zu spüren, wie es dem Baby in seinem Bettchen geht. Und unser großes Kind merkt dies alles... „und wieder ist Mama das kleine Baby wichtiger als ich..." Also: Ein lieber, vertrauenswürdiger Mensch passt zuverlässig auf das Baby auf – vielleicht Vater und Mutter im wöchentlichen/täglichen Wechsel. So zuverlässig, dass ich als Mutter/Vater mich ganz auf mein großes Kind einlassen kann!

- ♥ Hängen Sie das Telefon aus, gehen Sie nicht an die Haustüre!
- ♥ Überlassen Sie eventuell Ihrem Kind die Führung. Spielen Sie gemeinsam sein momentanes Lieblingsspiel, singen Sie gemeinsam, lesen Sie etwas vor. Es geht *auf keinen Fall* darum, Ihrem Kind in dieser „besonderen Zeit" etwas zu lehren!
- ♥ Vermitteln Sie Ihrem Kind Ihre grundsätzliche Liebe – und: Lassen Sie sich von ihm lieben.
- ♥ Führen Sie am Ende der vereinbarten Zeit das Kind behutsam wieder an die nun folgenden Familiengeschehnisse heran. Sagen Sie: „Das war eine schöne Zeit mit Dir! Nun freue ich mich auf das Mittagessen mit Papa und der kleinen Schwester!"
- ♥ Vereinbaren Sie sofort wieder einen Termin mit Ihrem Kind, auf den es sich einstellen und freuen kann!

Besondere Zeit bedeutet nicht, dass Sie etwas ganz besonderes mit Ihrem Kind tun sollen. Sondern widmen Sie in der besonderen Zeit *Ihre ganz besondere Aufmerksamkeit*, Ihre ganz besondere Zuwendung und Liebe Ihrem Kind. Besondere Zuwendung für ein besonderes Kind in der besonderen Zeit!

Das „beglückende Babyspiel"
Eine Intensivierung der besonderen Zeit ist das „Babyspiel". Spielen Sie mit Ihrem „entmutigten" älteren Kind „Baby" nach: Es darf spüren und hautnah erleben, wie so ein kleines Baby umsorgt wird und vor allem, wie viel Liebe so ein kleines Baby bekommt!

Vorab besprechen Mutter/Vater und Kind, wie das geht. Was brauchen wir? Windeln, eine Flasche, Babyspielzeug, eine Babydecke, ... Genauso, wie die Eltern es mit dem kleinen

Baby machen, wird nun das große Kind gewickelt, gefüttert, lieb (hohe Stimme!) angesprochen, mit ihm gespielt, ... Es ist gut, vorab mit Ihrem „großen" Kind zu klären, wie es sich als kleines Baby verständigt: Ein kleines Baby kann (nur!) in verschiedenen Tönen maunzen, winseln, weinen, schreien - also ist das nun auch für die Zeit des „besonderen Babyspiels" die Sprache des großen Kindes.
Vielleicht merkt unser großes Kind im Laufe der Spielzeit, dass es etwas unpraktisch ist, sich nicht mit Worten verständigen zu können... da gibt es ja tatsächlich einen Vorteil, schon etwas älter und größer zu sein! Deshalb sind am Ende des „besonderen Babyspiels" alle Beteiligten (Mama/Papa genauso wie das Kind) recht froh, dass unser großes Kind schon so groß ist!
Sagen Sie:
„Was für ein Glück, dass du sagen kannst, was du willst!"
Es sollte uns gelingen, dies nicht „besserwisserisch" zu vermitteln, sondern gemeinsam mit unserem großen Kind zu entdecken: Sozusagen unserem Kind einen kleinen Vorsprung beim „Feststellen" dieser Tatsache zu lassen. Natürlich wissen wir Erwachsene dies längst, aber darum geht es ja momentan nicht.
Das gute Gefühl, angenommen und vollkommen geliebt zu sein, egal, wie man ist, egal, was man tut, steht im Vordergrund. „Wie schön war das!" denken die großen kleinen Kinder am Ende einer solchen „besonderen Zeit/Babyspiel" vielleicht – schade, dass es nun schon vorbei ist.
Sagen Sie:
„Es kommt ja wieder die Zeit für Mama/Papa und dich alleine! Papa und ich haben schon im Kalender geschaut: Nächstes Wochenende ist wieder eine halbe Stunde Zeit. Schau, wir tragen es in den Kalender ein. Hier ist der Tag, du

malst/schreibst dein Zeichen hinein, damit wir es uns merken."
Genial: „Ich bin so wichtig, dass ich im Familienkalender stehe!" Ein wunderbares Gefühl für Kinder in unserer Termin-bestimmten Zeit…

Es gibt Familien und Zeiten, in denen es mehrere ältere Geschwister gibt, die Mama oder Papa eine Zeit lang alleine brauchen. Dann sollten wir dies allen Kindern geben, die es brauchen. Natürlich haben wir nicht endlos viel Zeit… und die Arbeit gibt es ja auch noch… und wo bleibt die Beziehung zum Partner…?! In der Tat bedarf es der guten Planung: Kinder sind jedoch sehr verständig und dankbar auch für kürzere Zeiten, wenn sie nur unseren guten Willen erkennen. So wird es in einer Familie mit vier und mehr Kindern nicht jedes Wochenende für jedes der großen Zeit alleine geben. Möglicherweise kommt jedes der drei Großen nur alle vier Wochen oder wesentlich seltener alleine dran, denn die Partnerschaft will auch Zeit haben! „Immerhin – im Kalender stehe ich schon mal drin. Und was im Kalender steht, ist wichtig."
Natürlich halten wir uns an diese Vereinbarung!

Ermutigung zum Anfassen
Stellen Sie „Ermutigung zum Anfassen" her. Kinder lieben es, Zeichen und Symbole zu betrachten und anzufassen!
- ♥ Schreiben Sie liebevolle Briefe an Ihre Familienmitglieder.
- ♥ Malen Sie kleine „Liebesbrief-Symbole" für Ihre Kinder: ein Herz, eine Sonne, eine Blume,…
- ♥ Kaufen Sie kleine Spanschachteln, bemalen Sie diese als „Schatzkästchen" (je nach Alter gemeinsam mit Ihrem Kind) und sammeln darin Ihre lieben Briefe – für jedes Familienmitglied eine Schatzkiste.

- ♥ Oder hängen Sie diese Briefe auf, zum Beispiel an einen großen Ast, den Sie im Wald gefunden haben, über den Esstisch.
- ♥ Schreiben Sie liebevolle Wünsche für Ihre Familienmitglieder auf festes Papier oder Stoff und hängen Sie diese als eine Art „Gebetsfahne" hinaus in die Natur.
- ♥ Falten Sie Schiffchen aus Papier, schreiben Sie gemeinsam liebe Worte darauf, lassen Sie die Schiffchen schwimmen: im See, am Meer, im Fluss, im Teich, in der Regentonne, in der Badewanne, im Waschbecken, …

Schreiben Sie so:
„Ich mag deine blauen lustigen Augen!"
„Mir gefällt, dass du heute geholfen hast, die Spülmaschine auszuräumen!", auch, wenn das Kind nur eine Tasse ausgeräumt hat.
„Du singst so gerne! Wie schön!"
„Oh, was bist du für ein lieber Bruder/eine liebe Schwester!"
Schreiben Sie auch:
„Toll, wie ich das Chaos heute doch noch gemeistert habe!"

Auszeit für Eltern
Denken Sie an sich selber. Kümmern Sie sich um das Wichtigste in Ihrem Leben – um sich!
Unsere Akus halten relativ lange – aber wenn sie leer sind, dann braucht es mehr, um sie wieder zu füllen. Gehen Sie nicht bis ans Limit. Auch wenn „es noch geht": Machen Sie mal Pause; engagieren Sie eine/n Babysitter/in für eine Stunde; gehen Sie wenigstens einmal im Monat Ihrem Hobby nach…

Geduld haben und verzeihen
Haben Sie Geduld, mit den Kindern ebenso wie mit sich selber!
Wir sind alle Lernende auf dieser Erde, wir müssen nichts perfekt können, auch nicht Kinder auf ihrem Weg zum Erwachsenen-Dasein begleiten. Verzeihen wir uns also unser Unvermögen und sehen es als Chance, daraus zu lernen.
Sagen Sie sich:
- ♥ „Ich bin eine unvollkommene Mutter, ein unvollkommener Vater. Es ist wie es ist."
- ♥ „Ich verzeihe mir meine kleinen Fehler. Im Grunde meines Herzens *bin* ich ein/e liebevolle, vollkommene Mutter /Vater."
- ♥ „Ich nehme die täglichen Herausforderungen mit meinen Kindern als Möglichkeit, mich zu entwickeln, wahr."
- ♥ „Ich bin geduldig und nehme mich in Liebe an, so wie ich bin."

Unser Kind lieb haben
Kinder, die sich durch die Geburt eines kleinen Geschwisters durcheinander fühlen, melden ihre Bedürfnisse an, zeigen ihre Not durch vermehrtes Aufmerksamkeitsbedürfnis, durch Machtkämpfe, durch Rache und indem sie sich in ihr Schneckenhaus verkriechen. Sobald wir erkannt haben, dass unser großes Kind in argen Nöten ist und es damit beschäftigt ist, seinen Platz am Familienmobile neu zu definieren, können wir ihm einfache Hilfe geben: Es lieb haben genau so, wie es ist.
Seinen Platz wird es nie verlieren im Familienmobile, weil es unser Kind ist und zu uns dazugehört! Als Eltern geben wir selbstverständlich gerne Hilfestellung beim „Knotenmachen" am wackeligen Mobile! Die grundsätzliche Annahme als Person gibt den dazu nötigen Vertrauensvorschuss. Wir

helfen ihm, sich wieder wohl in seiner Haut zu fühlen. Das geht am besten, indem wir es tun – das Kind von Herzen lieb haben. Durch körperliche Zuneigung, die das Kind mag und die sich möglicherweise eine Zeitlang sogar dem Babyniveau anpasst. Wir machen mit ihm lustbetonte schöne Dinge, die sein Herz erfreuen und seine Seele zum Singen bringen: mit Wasserfarben malen, kneten, kuscheln, singen, das Kind massieren, tanzen zur Radiomusik, dem Wind in den Bäumen zusehen, das Besteck zum Tischdecken auf den Tisch „*tanzen*", ausführlich „ratschen" über Schule und Kumpels, ... Zusätzlich können wir dem Agieren des Kindes ein sinnvolles Ziel geben, nämlich den Platz in unserer Gemeinschaft „Familie" einladend aufzuzeigen. Wir helfen ihm dadurch, seine Sicherheit und sein gutes Gefühl wieder zu finden: Unser Kind darf mittun und helfen – seinen momentanen altersgemäßen Möglichkeiten und Fähigkeiten entsprechend. Wir nutzen die Fähigkeiten unseres großen Kindes zur Freude aller. Wir erbitten aktiv seine Mithilfe und deuten sein „Werkeln am Baby" als Wunsch zur positiven Mithilfe. Mag sein Tun auch noch so klein und unbedeutend sein.

Dadurch stabilisiert sich das wackelige Gefühl unseres Kindes, das Mobile schwingt nach und nach aus, wird ruhiger – alle Teile bekommen einen guten neuen Zusammenhang.

Was ist also zu tun? Nichts, außer das Kind lieb haben.

9 Wenn das „ältere" Geschwister sehr jung ist

Jedes Kind ist in sich vollkommen. Jedes Kind trägt in sich alle Fähigkeiten, die es braucht – alles ist im Keim bereits vorhanden.

Wenn wir diese Aussage verinnerlichen, stellen sich unsere Kinder als kleine Schatztruhen dar: Wir dürfen diese öffnen, dürfen ein bisschen „herumkruschteln", dürfen manchem schönen Schatz helfen, ans Tageslicht zu kommen. Vieles bleibt uns jedoch verborgen. Das Kind selbst wird seine Schätze nach und nach zeigen – oder auch nicht.

Gehen Sie davon aus – und überdenken Sie die Anregungen der vorherigen Kapitel: Die meisten sind auch auf sehr junge „ältere" Geschwister übertragbar.

Im Folgenden noch einige ergänzende Denkanstöße.

Den Haushalt straffen

Es gibt sehr unterschiedliche Bedürfnisse, wie ein Haushalt organisiert zu sein hat. Entsprechend unserem Lebensstil haben wir Mütter und Väter unterschiedliche Ansichten: Küche, Wäsche, Bügeln oder nicht, Abstauben wie oft, Fensterputzen... Es gibt Menschen, die entsprechend ihrem Lebensstil das Bedürfnis nach sehr großer Ordnung und Kontrolle haben. Anderen wiederum fällt es sehr leicht, über Staub und Dreck hinwegzusehen. Jede dieser Ansichten hat ihre Berechtigung.

Hilfreich ist es, wenn Sie sich beobachten und kennenlernen. Welcher Typ sind Sie[11]? Helfen Sie sich als Team: Der Partner, dem es leichter fällt, über Chaos im Haushalt hinwegzusehen, übernimmt aus Liebe mehr Tätigkeiten im Haushalt. Der Partner, dem es wichtig ist, dass alles sauber und ordentlich ist, lässt aus Liebe (zu sich, zum Partner, zur Familie) eine gewisse Zeit lang „Unordnung" zu, um zur Ruhe zu kommen. Tauschen Sie sich aus: Wie geht es Ihnen damit?

---

[11] Gemeint sind hier die „vier Prioritäten" aus der Individualpsychologie: vier lebensstiltypische Aspekte, die bei jedem Menschen unterschiedlich ausgeprägt sind: Kontrolle, Bequemlichkeit, Gefallenwollen, Überlegenheit.

Straffen Sie grundsätzlich den Haushalt! Nehmen Sie ihn eine Zeit lang nicht so wichtig.
Und: Bitten Sie Besucher, Ihnen zu helfen. Vor allem Menschen ohne Kinder haben oft keine Vorstellung...
Sagen Sie freundlich und humorvoll, dass Sie über eine kleine Hilfe (zum Beispiel die Wäsche von der Leine nehmen) sehr dankbar wären. Auch schon während der Schwangerschaft! Dann können Sie sich in dieser Zeit zum Beispiel intensiv Ihrem „jungen älteren Kind" widmen.

Der Entwicklungsstand des Großen: Die Sinne haben Vorrang
Ihr sehr junges Kind hört nicht die Worte, sondern die Sprachmelodie. Hören Sie sich selber und Ihrem Partner zu: Wie wirkt Ihre Stimme, wenn Sie von „Geburt" sprechen? Welches Gefühl übertragen Sie?
Schauen Sie in einen Spiegel, in eine reflektierende Fensterscheibe: Wie wirkt Ihr Gesicht, wenn Sie vom „Baby im Bauch" sprechen?
Wie wirkt dies auf Ihr Kind? Probieren Sie aus, wie es sich anfühlt, wenn Sie einen anderen Gesichtsausdruck machen. Oder Ihre Stimme mit anderer Melodie sprechen.

Tun statt Reden
Streichen Sie über Ihren Babybauch. Lachen Sie dabei. Sagen Sie wenige Worte: „Da wächst unser Baby." Halten und streicheln Sie – nach Erlaubnis der Eltern – andere Säuglinge. Betrachten Sie Fotos von sich, vom älteren Kind als Säugling...

Und immer wieder: Laufen Sie in den Schuhen Ihres Kindes
Um zu verstehen, wie es Ihrem jungen älteren Kind geht, laufen Sie symbolisch in seinen Schuhen. Gehen Sie in die Hocke. Betrachten Sie die Welt aus der Kleinkindposition. Versetzten Sie sich im Augenkino nachträglich in

„anstrengende" Situationen – kommen Sie den Gefühlen und Empfindungen Ihres sehr jungen Kindes auf die Spur.

10 Das erste Jahr ist schon vorbei

Vieles geschieht im ersten Lebensjahr eines Kindes: Es entwickelt sich vom absolut hilflosen Geschöpf, das vollkommen auf Hilfe und Lebenserhaltung von außen angewiesen ist, zu einem Menschenkind, das sich einigermaßen fortbewegen, sich immer mehr verständlich äußern, das seinen Willen mit Nachdruck einsetzen kann, das seine Gefühläußerungen der Kultur, in der es aufwächst, anpasst. Es hat schon lange seine Fähigkeiten zur Kommunikation, die andere verstehen (und nicht nur durch Versuch und Irrtum erraten können!) ausgefeilt und mehr und mehr perfektioniert.
Das kleine Kind entwickelt seine Persönlichkeit!

„Mein" Geschwister!
Viele große Geschwister sind unheimlich stolz auf ihre kleinen Geschwister!
Das kleine Geschwister schaut nach wie vor „ziemlich süß" aus, ist sehr „knuddelig" und nun viel stabiler, als so ein neugeborener Säugling. Kuscheleien und kleinere, liebevolle Balgereien zwischen den Geschwistern können auch wir Mütter viel besser aushalten, weil wir nicht mehr um jedes Körperteil (und letztendlich vielleicht auch das Leben?) des Kleinen bangen müssen, wie noch vor wenigen Monaten.

Die Leichtigkeit, die sich bei uns Eltern von Tag zu Tag mehr einstellt, überträgt sich auch jetzt unausgesprochen auf unsere Kinder. Der positive „Ermutigungskreislauf" kann einsetzen, wenn wir Eltern dies zulassen und „merken":

- ♥ Das kleine Kind ist stabiler,
- ♥ die Aktionen des großen Geschwisters auf das kleine Kind sind mehr und mehr vorhersehbar (weil wir durch die vorangegangenen Interaktionen unserer Kinder Erfahrung sammeln konnten, wie sie sich unter welchen Umständen verhalten),
- ♥ unsere Angst, dass dem Kleinen etwas passieren könnte, wird kleiner,
- ♥ unser Vertrauen in bestimmten Aktionen zwischen den Kindern darf wachsen,
- ♥ unser Vertrauen in unser großes Kind darf wachsen (wir trauen ihm einfach zu, dass es „ganz lieb" ist"),
- ♥ das große Kind spürt unsere ruhige Haltung und das Vertrauen, das wir ihm entgegenbringen,
- ♥ das große Kind geht liebevoll mit dem Kleinen um,
- ♥ wir beobachten das liebevolle Spiel der beiden
- ♥ wir haben mehr Vertrauen
- ♥ und so fort...

Es gibt Zeiten, in denen unser großes Kind gerne auf das kleine Baby aufpasst. Ja, es beschützt hin und wieder sehr gerne das kleine Baby vor „dem bösen Blick von außen": So könnte man vielleicht interpretieren, wenn sich große Geschwister schützend vor das Kinderwagenguckloch stellen, wenn allzu neugierige Blicke in den Wagen schauen.

Als Außenstehende, die nicht zur Familie gehören, ist es eine Möglichkeit, dem großen Kind eine gewisse Wertschätzung entgegenzubringen, wenn wir es fragen, ob wir das Kleine anschauen dürfen... was wir natürlich respektieren, wenn diese Frage verneint wird! Dies ist übrigens auch schon kurz nach der Geburt, wenn alle den Säugling bewundern wollen, eine gute Möglichkeit der „Ermutigung" für das große Kind!

Wir sind ein Herz und eine Seele – fast immer...
Was zeichnet ein gelungenes Familienleben aus? Welches sind die Maßstäbe, die für uns wichtig sind? Sind es: Harmonie und Frieden? Dass sich die Kinder nie streiten? Oder eher das Vertrauen, dass ein Streit durchaus notwendig sein kann, um Klärung zu schaffen – getreu der schönen Bauernregel „Nit immer ist grad Sonnenschein, 's gibt manchmal auch ein Wetterlein..."?
Unterhalten Sie sich gemeinsam darüber: Finden Sie mit Ihrem Partner eine Definition dessen, was Ihnen in Ihrem Familienleben wichtig ist!

Eine mögliche Definition für „unsere Familie" wäre:
- ♥ Harmonie und Frieden untereinander.
- ♥ Jedes Familienmitglied hat wunderbare Schätze (Fähigkeiten, Fertigkeiten) in sich als Anlage mitbekommen – einige Familienmitglieder sind älter und hatten deshalb schon mehr Zeit, diese Fähigkeiten „nach außen zu bringen", andere sind noch jünger, die Anlagen sind noch nicht im Außen sichtbar. Trotzdem ist der Grundwert jedes Familienmitglieds vollkommen.
- ♥ Jedes Familienmitglied hat das gleiche Mitspracherecht – die Eltern geben den Rahmen vor. Der Rahmen ist von den Eltern in immer wiederkehrenden Zweier-Gesprächen definiert worden.
- ♥ Ein Konflikt soll sachbezogen und konstruktiv bewältigt und gelöst werden.
- ♥ Jedes Familienmitglied soll die Möglichkeit haben, seine individuellen Fähigkeiten zu entwickeln (Musik, Sport, Kreativität, ...)

Mit Hilfe dieser Definition haben wir ein Ziel, dem wir folgen wollen, dem wir uns immer mehr annähern können. Seien wir jedoch nicht zu streng mit uns: Eine Familie ist keine Maschine, die man genau programmieren kann. Jeder Mensch entscheidet selber jeden Augenblick neu! Abweichungen sind jeden Moment eine Chance, etwas zu lernen, etwas zu ändern am eigenen Verhalten, es möglicherweise besser zu machen.

Oft sind wir Eltern entsprechend unserem Lebensstil sehr befangen im Betrachten unserer Familie. Wir sind nicht neutral, wertfrei. Ein bestimmtes Verhalten unseres Kindes ordnen wir gleich einer bestimmten Kategorie zu. Zum Beispiel vermuten wir gleich, dass unser mittleres Kind „Streit provozieren will", wenn es in diesem einen bestimmten Tonfall und mit dieser Wortwahl zu den Geschwistern spricht. Wir kategorisieren nach kürzester Zeit „Kind provoziert Streit!" und greifen ermahnend ein, anstatt *einen Moment abzuwarten, zu beobachten, zu spüren...* und den Kindern eine Chance zu geben, sich gerade in diesem Moment anders zu verhalten!

Eine mögliche Hilfe ist folgende kleine *Übung*:
Fühlen Sie sich als Außenstehender (der niemanden aus der Familie kennt): Stellen Sie sich in Gedanken an eine andere Stelle, an der Sie sich gerade nicht in Wirklichkeit befinden. Oder machen Sie ein paar Schritte zur Seite. Beobachten Sie „von außen" das Verhalten Ihrer Kinder, aber interpretieren Sie es nicht! Somit bieten Sie den Kindern (und Ihnen selber) keine Angriffsfläche, Sie machen sich unverletzlich. Sie lassen Ihre „wunden Punkte" außen vor. Es ist Ihnen dadurch viel leichter möglich, in eine neutrale Haltung zu gelangen. Sie verhalten sich also anders, als Ihre gesamte Familie insgeheim (unbewusst) erwartet.

11 Ausblick - Familie als Einheit

Bieten wir den Kindern die Möglichkeit, sich als Einheit (Geschwister, Familie) wahrzunehmen! Eine Gemeinschaft, innerhalb der jedes Kind seine Individualität auslebt, und damit eine Bereicherung, ein Segen für die gesamte Familie ist!

Das Mobile Familie stabilisiert sich, die Plätze sind neu verteilt, die Fäden gut verknotet. Jedes Kind hat seinen guten Platz gefunden, der ihm die Möglichkeit gibt, seine persönlichen Fähigkeiten zu entwickeln, und es als persönlichen Gewinn zu betrachten, seinen individuellen positiven Beitrag zur Familie freiwillig zu leisten.

Kleine Schwankungen im Mobile Familienleben sind nicht mehr von Lebensbedrohung und möglichem Absturz gekennzeichnet. Es wird immer wieder Phasen geben, in denen dem einen Kind mehr Aufmerksamkeit zukommt, als dem anderen (Einschulung, Krankheit, ...). Dies trägt jedoch die gesamte Familie mit! Die anderen Kinder halten es aus, wenn die Gedanken der Eltern zeitweise verstärkt zu diesem Kind „in Not" hingehen, wenn viele extra Aktionen für dieses Kind (Arztbesuche, Lehrergespräche, Termine in Beratungsstellen, ...) stattfinden. Die anderen Kinder wissen und spüren im Herzen, dass sie genauso wichtig sind und vor allem genauso geliebt werden.

Die bekannten Ausweichhandlungen (Aufmerksamkeit, Machtkampf, Rache, Rückzug) und der „Ermutigung" können für alle kommenden Schwankungen des Mobiles eingesetzt werden. Wir Eltern spüren mit dem Herzen, erkennen die Notlage des Kindes, interpretieren sein Verhalten der Aufmerksamkeit, des Machtkampfes, der Rache und des Rückzugs als sein Bedürfnis nach Anerkennung und Liebe. Wir finden Wege, diesem Kind Stabilität und Sicherheit, das

Gefühl des absoluten Geliebt Seins (ohne eine Leistung erbringen zu müssen) zu geben. Wir „ermutigen"!
Gemeinsam freuen wir uns am Miteinander und am Wachsen jedes Einzelnen. Wir wissen uns als Familie, die zusammengehört, die sich vertraut und sich hilft – auch, wenn jeder einzelne irgendwann seiner Wege geht…

12 Bücher von Veronika Seiler

Elternratgeber Telos®-Ermutigungspädagogik:

WUNDER-Punkt, Die Wut auf das Kind als Sprungbrett zu Harmonie und Frieden in der Familie, Norderstedt 2015
Wir spüren genau, dass wir im Zusammensein mit unseren Kindern auf Ärger zusteuern – stoppen können wir unsere unguten pädagogischen Handlungen nicht. Sind wir einmal von unseren Kindern in unserem wunden Punkt getroffen, wird der Handlungstrichter immer enger und unser Verhalten scheint sich automatisch abzuspulen.
Erkennen wir die positive Kraft und die heilende Erkenntnis – dieser Augenblicke. Nutzen wir genau diese Situation, um Frieden und sinnvolles pädagogisches Handeln zu erreichen.
Erster Schritt: Zugeben, dass man manchmal auf sein Kind ärgerlich ist...

Die Trotzphase gibt es nicht! Ein Elternratgeber zum Trotz, Norderstedt 2016
Machen wir es uns als Eltern unnötig schwer, wenn wir davon ausgehen, dass die „Trotzphase" ein nötiger Entwicklungsschritt ist? Wäre nicht alles etwas einfacher, wenn wir von einem anderen Modell ausgehe würden? Die Individualpsychologie kennt keine Trotzphase als eigenständige Entwicklungsphase.
Dieses kurze Büchlein möchte „grad zum Trotz" dazu Anregungen geben, diese gemeinhin als anstrengend bewertete Zeit anders wahrzunehmen. Es möchte dazu anregen, den Blickwinkel zu ändern. Es möchte ein anderes Modell vorstellen, das es Eltern erleichtern kann, inneren Raum zu schaffen. Dann können sie die anstrengenden Situationen verstehen und einfühlsam und kindgemäß darauf eingehen – ohne sich selbst zu verbiegen.
Mit vielen praktischen Tipps und Übungen zum Nachdenken.

Klima-Wandel: Hier erhältlich, Eine Einladung an alle Eltern zum Mitmachen, Norderstedt 2016
Die Folgen des Klimawandels sind nicht mehr zu übersehen, die Leidtragenden werden unsere Kinder sein.
Übernehmen wir Verantwortung!
Lassen wir nicht nur das Klima sich wandeln, wandeln wir uns selber!
Eine Einladung an Eltern und alle, denen die Zukunft der Kinder ein Anliegen ist.

Kinderbuch:

Freddi Tulli und der Geist des Wassers; Norderstedt 2016
Dass ist die Geschichte von Freddi und seiner Schwester Melanie. Die Ferien am Meer sind arg verregnet und langweilig. Plötzlich bittet der Wassergeist Wongan sie um Hilfe: Die Wasserelemente sind in Not! Irgendwie müssen die Kinder zu ihm ins Wasser gelangen. Schon das ist ein kleines Abenteuer. Und das geht laufend so weiter: Sie geraten von einer Aufregung zu nächsten... Denn Wongans Bitte ist nicht einfach. Sind Freddi und Melanie überhaupt die Richtigen dafür?
Zum Selberlesen und Vorlesen.
Das Buch macht Kindern Mut, ihren ganz persönlichen Beitrag zum Schutz der Erde zu tun.